l'

du château de
Versailles

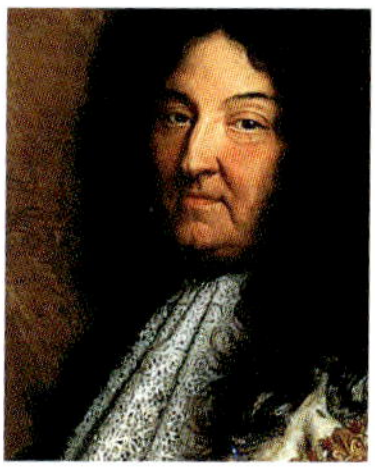

Jean-Pierre Babelon
Thierry Bajou
Claire Constans
Alain Pougetoux
Xavier Salmon

Flammarion

LES QUESTIONS QUE L'ON SE POSE

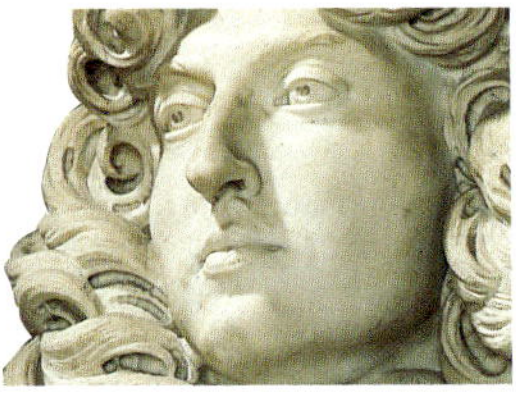

Versailles, c'est un art de vivre ajusté à un dessein politique. Or sous la magnificence préservée du château, peut-on retrouver son histoire réelle ? Sa vie de cour ? Le rituel quotidien des rois ?

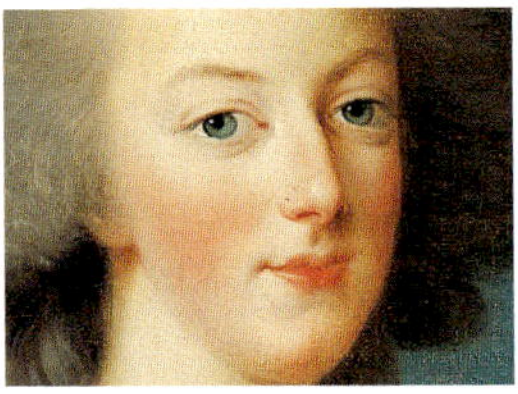

De Louis XIII à Louis XVI le palais a subi mille modifications. C'est le grand laboratoire de l'art royal depuis les salons dorés du jeune Louis XIV jusqu'aux raffinements à l'antique de Marie-Antoinette. Mais cette évolution n'obéit-elle pas aussi à un besoin d'intimité ?

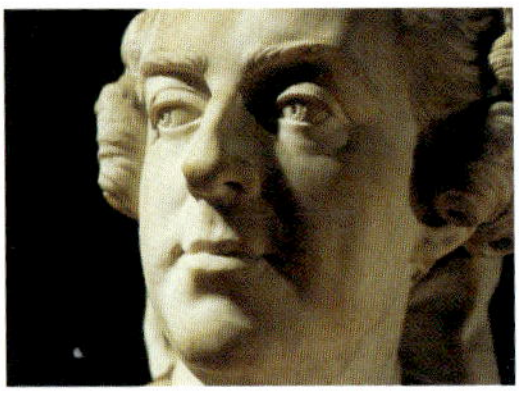

Versailles fut et reste le symbole de la monarchie française. De son faste comme de ses plaisirs. Tout change après 1830. Comment le palais des rois de France s'est-il mué en temple de la Nation ?

COMMENT L'ABC*daire* Y RÉPOND...

Le guide de l'abécédaire p. 6

Il explique comment comprendre le château de Versailles en regroupant les notices de l'abécédaire selon trois perspectives stylistiques et historiques. Un code de couleurs indique le genre de chaque notice :

■ Les œuvres : les lieux, les chefs d'œuvre.

■ Les hommes : la famille royale, la Cour, les créateurs.

■ Le contexte : les courants esthétiques, le cadre historique.

À partir de la lecture de ces notices, et grâce aux renvois signalés par les astérisques, le lecteur voyage comme il lui plaît dans l'abécédaire.

L'abécédaire p. 26

Par ordre alphabétique, on trouvera dans ces notices tout ce qu'il faut savoir pour entrer dans l'univers du château de Versailles. L'information est complétée par les éclairages suivants :
- des commentaires détaillés sur les principales pièces à visiter ;
- des encadrés qui expliquent les choix thématiques ou stylistiques et précisent le contexte dans lequel s'inscrit le développement architectural et décoratif du château.

Versailles raconté p. 11

En tête de l'ouvrage, le château de Versailles est resitué dans son développement historique. Cette synthèse reprend l'articulation du guide de l'abécédaire en développant chacun de ses thèmes.

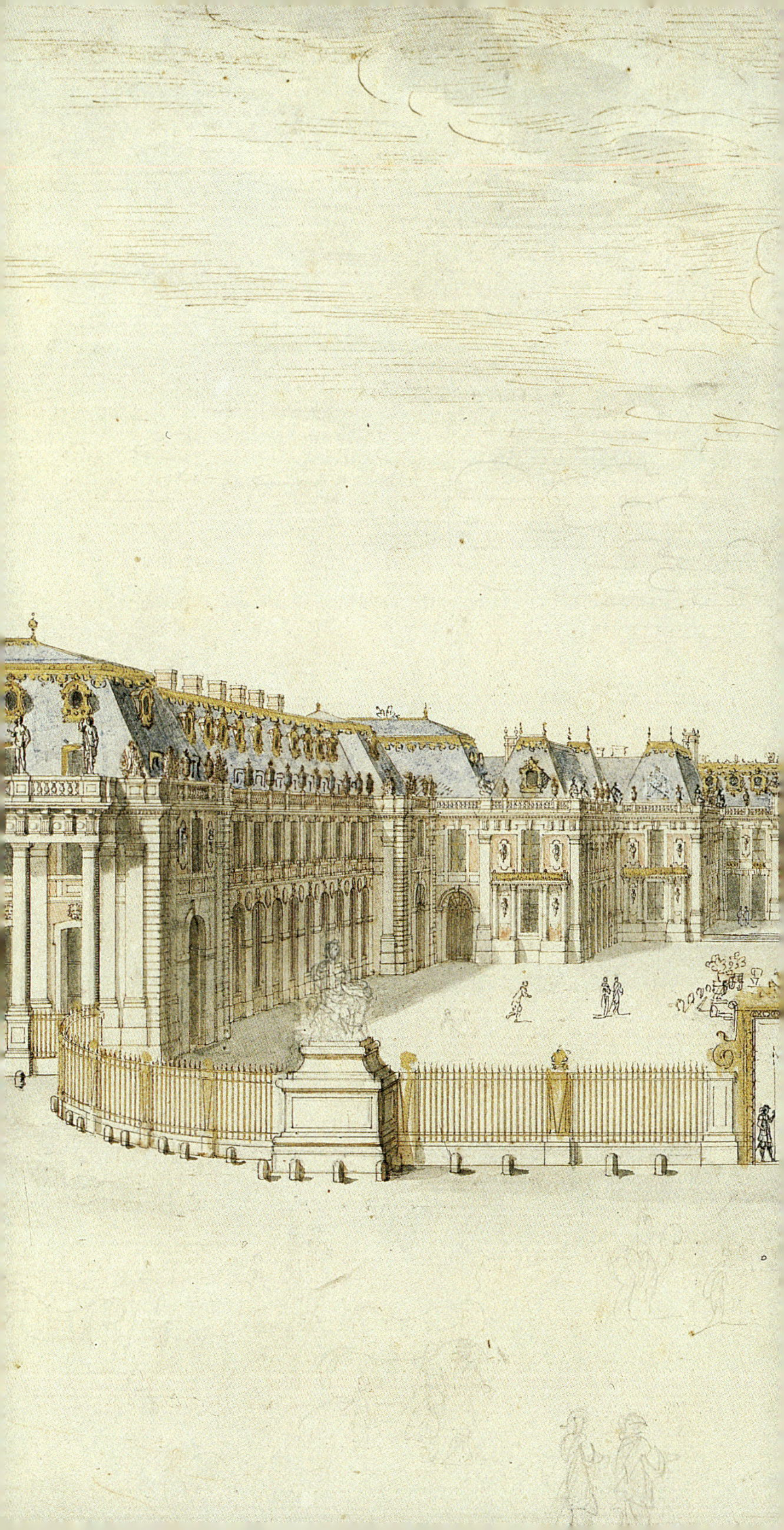

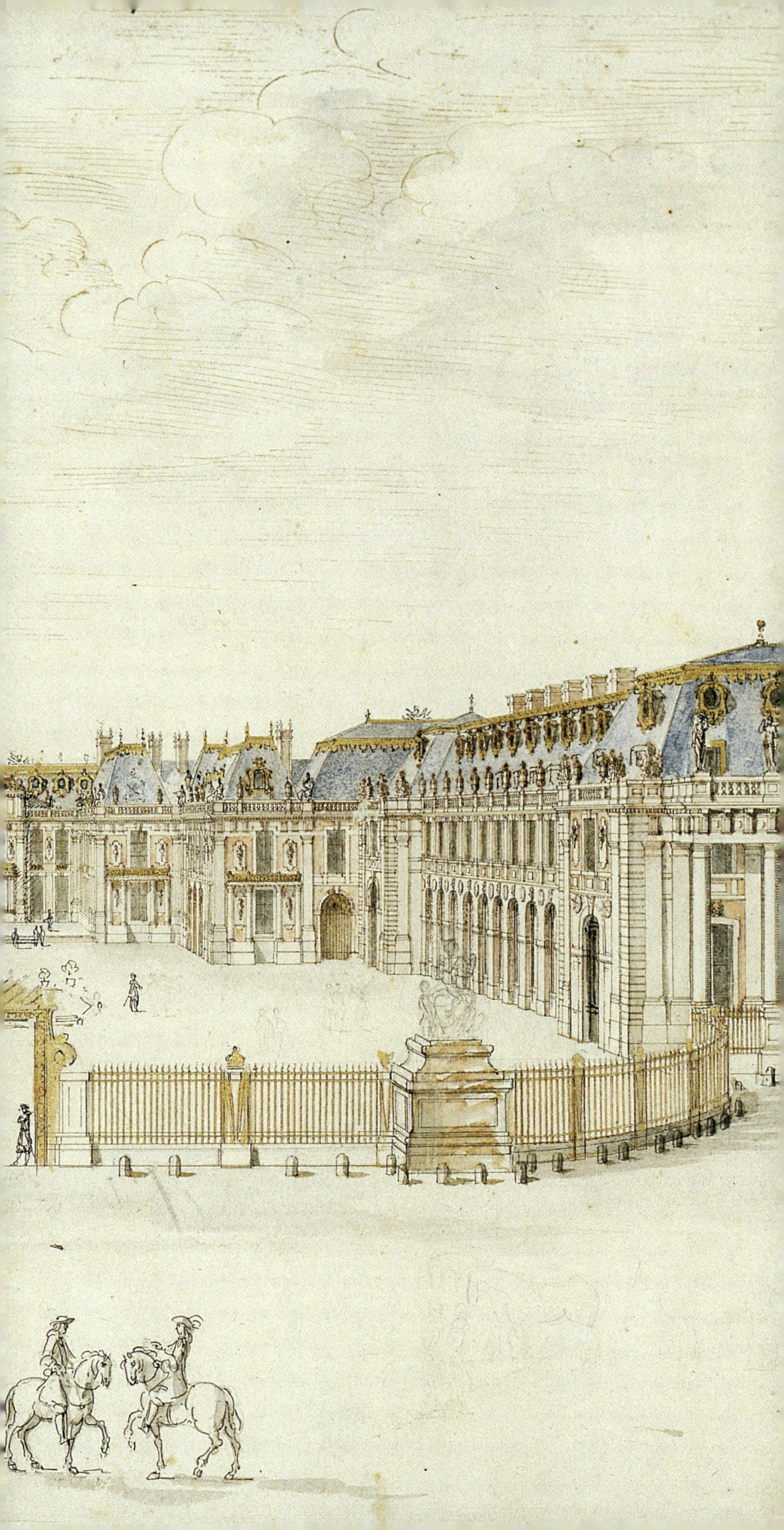

G U I D E D E

I. VERSAILLES : HISTOIRE ET DESTIN

A. Le « château de cartes »

Enfant déjà, Louis XIII apprécie ce pays de broussailles et de marécages, proche de la capitale. Ardent chasseur, il y fait construire un modeste pavillon, qui sera agrandi et transformé dès 1630 en un véritable « château de cartes » où le roi vient chercher calme et solitude.

- *Construction*
- *Domaine*
- *Louis XIII*

B. Le Versailles du Grand Roi

Louis XIV fait du site un lieu de splendeur et de fêtes, symbole éblouissant de la monarchie. À partir de 1668, de gigantesques travaux sont engagés et le premier bâtiment est entouré sur trois côtés d'une construction de pierre, puis doté d'ailes. Les successeurs du Roi-Soleil ne cesseront d'embellir Versailles, que la Révolution videra de ses tableaux et de l'essentiel de son mobilier.

- *Architecture*
- *Chantier*
- *Jeu de paume (Salle du)*
- *Le Vau*
- *Louis XIV*
- *Louis XV*
- *Louis XVI*
- *Révolution française*
- *Versailles et l'Europe*

C. Le palais de la Nation

En 1833, Louis-Philippe décide de faire du château un symbole de réconciliation nationale en le transformant en musée dédié à « toutes les gloires de la France ». La logique palatiale est alors bouleversée pour faire place aux cent vingt salles des galeries historiques.

- *Batailles (Galeries des)*
- *Louis-Philippe*
- *Sacre (Salle du)*
- *Second Empire (Depuis le)*
- *Smalah d'Abd el-Kader*

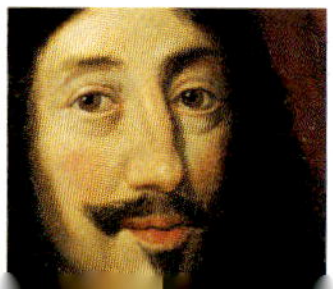

II. LE POUVOIR ET LA COUR

A. Le cœur du royaume

En 1682, Louis XIV regroupe à Versailles la Cour et le gouvernement. Princes et ministres vivent en vase clos, au rythme de la journée royale. Ce nouveau pouvoir centralisé, une administration plus rationnelle ainsi que le développement de la vie intellectuelle et artistique traduisent la volonté du roi de créer un État moderne et d'ériger Versailles en capitale politique et administrative du royaume.

- *Ambassades étrangères*
- *Chambre du Roi*
- *Colbert (Jean-Baptiste)*
- *Journée du roi*
- *Monarchie absolue*
- *Versailles et l'Europe*

B. Le roi et son entourage

Les servitudes de l'étiquette mise en place par Louis XIV ont rendu docile une noblesse turbulente. Les courtisans s'empressent auprès du roi qui, d'un regard, d'une parole, peut défaire une carrière.

- *Barry (Mme Du)*
- *Cour (Étiquette et vie de)*
- *Enfants de France*
- *Journée du roi*
- *Le Brun (Charles)*
- *Leszczynska (Marie)*
- *Maintenon (Mme de)*
- *Marie-Antoinette*
- *Marie-Thérèse*
- *Mignard (Pierre)*
- *Nocret (Jean)*
- *Pompadour (Mme de)*

C. Les distractions royales

Pour ces courtisans, qu'il faut bien occuper et distraire, le roi multiplie les fêtes et les divertissements. Musique, grands spectacles, plaisirs de la table se poursuivront avec Louis XV et Louis XVI. Mais la lourdeur protocolaire s'efface alors de plus en plus devant les distractions partagées en petits comités.

- *Grand Couvert*
- *Hercule (Salon d')*
- *Jeux et joueurs*
- *Lully (Jean-Baptiste)*
- *Maison du Roi*
- *Musique et musiciens*
- *Opéra royal*
- *Tables royales*
- *Théâtre*

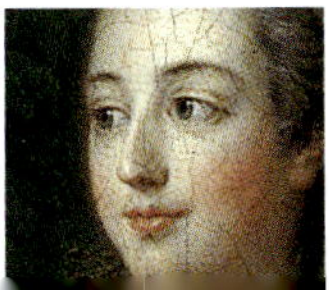

III. L'EXCELLENCE FRANÇAISE

A. Le style Louis XIV

Louis XIV veut faire de Versailles l'emblème d'un style nouveau, que ce soit dans le domaine de l'architecture, de la peinture décorative ou de la sculpture. À une première étape où se devinent encore les tentations du baroque italien, succède une expression plus mesurée, plus harmonieuse.

- *Boulle (Charles André)*
- *Classicisme et rocaille*
- *Galerie (Petite)*
- *Grands Appartements*
- *Le Brun (Charles)*
- *Mignard (Pierre)*
- *Symbolique royale*

B. Du style rocaille au néoclassicisme

Le style rocaille, avec ses lambris blancs et ses arabesques d'or, va progressivement céder la place, dès le milieu du XVIIIe siècle, à des lignes plus sobres, un décor épuré, une recherche de dépouillement et de simplicité menant au néoclassicisme.

- *Appartement intérieur*
- *Bibliothèque de Louis XVI*
- *Cabinet de la Garde-Robe*
- *Hercule (Salon d')*
- *Marie-Antoinette*
- *Médaillier de Louis XVI*
- *Néoclassicisme*
- *Riesener (Jean-Henri)*
- *Rousseau (Les frères)*
- *Serre-bijoux*
- *Verberckt (Jacques)*

C. Les chefs-d'œuvre des collections royales

Louis-Philippe modifie la distribution et le décor à l'intérieur du palais ; il rassemble un nombre impressionnant de portraits et de scènes historiques qui transforment le château en livre d'histoire.

- *Batailles (Galeries des)*
- *Louis-Philippe*
- *Sacre (Salle du)*
- *Second Empire (Depuis le)*
- *Smalah d'Abd el-Kader*

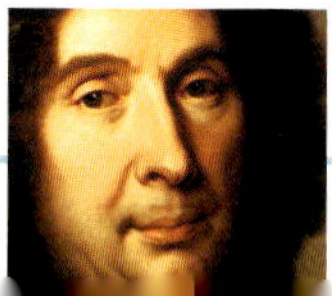

IV. COMMENT VISITER VERSAILLES ?

A. Des circuits pour un public varié

La connaissance de cet immense Versailles ne peut se faire que progressivement, par petites touches. Plusieurs parcours sont proposés, permettant au visiteur de découvrir, au-delà des marques témoignant des strates successives de l'histoire, la profonde unité qui se dégage de ces façades, de ces jardins, de ces appartements.

- *Appartement intérieur du roi*
- *Barry (Mme Du)*
- *Chambre de la Reine*
- *Escalier de la Reine*
- *Louis-Philippe*

B. De la chapelle aux Grands Appartements

Un premier circuit mène de la chapelle royale, à travers les Grands Appartements et la galerie des Glaces, jusqu'au musée Louis-Philippe. On découvre ensuite l'appartement de Louis XIV, puis, au rez-de-chaussée, les appartements du Dauphin et de la Dauphine.

- *Abondance (Salon de l')*
- *Apollon (Salon d')*
- *Chambre du Roi*
- *Chapelle royale*
- *Diane (Salon de)*
- *Galerie des Glaces*
- *Guerre (Salon de la)*
- *Hercule (Salon d')*
- *Mars (Salon de)*
- *Mercure (Salon de)*
- *Œil-de-Bœuf*
- *Paix (Salon de la)*

C. Les appartements privés

L'effort de restauration entrepris depuis plusieurs décennies et visant à restituer l'état du château en octobre 1789 est particulièrement sensible dans les appartements privés, ceux de la famille royale comme ceux des favorites. Tissus, meubles et objets d'art témoignent avec force de la splendeur passée.

- *Cabinet d'angle*
- *Méridienne (Cabinet de la)*
- *Nattier (Jean-Marc)*
- *Pendule (Cabinet de la)*
- *Petits Appartements*
- *Porcelaine*
- *Restauration*
- *Verberckt (Jacques)*

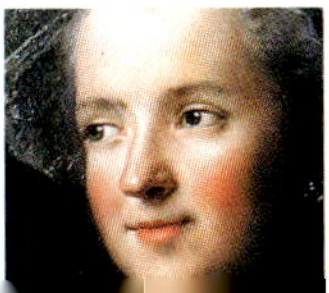

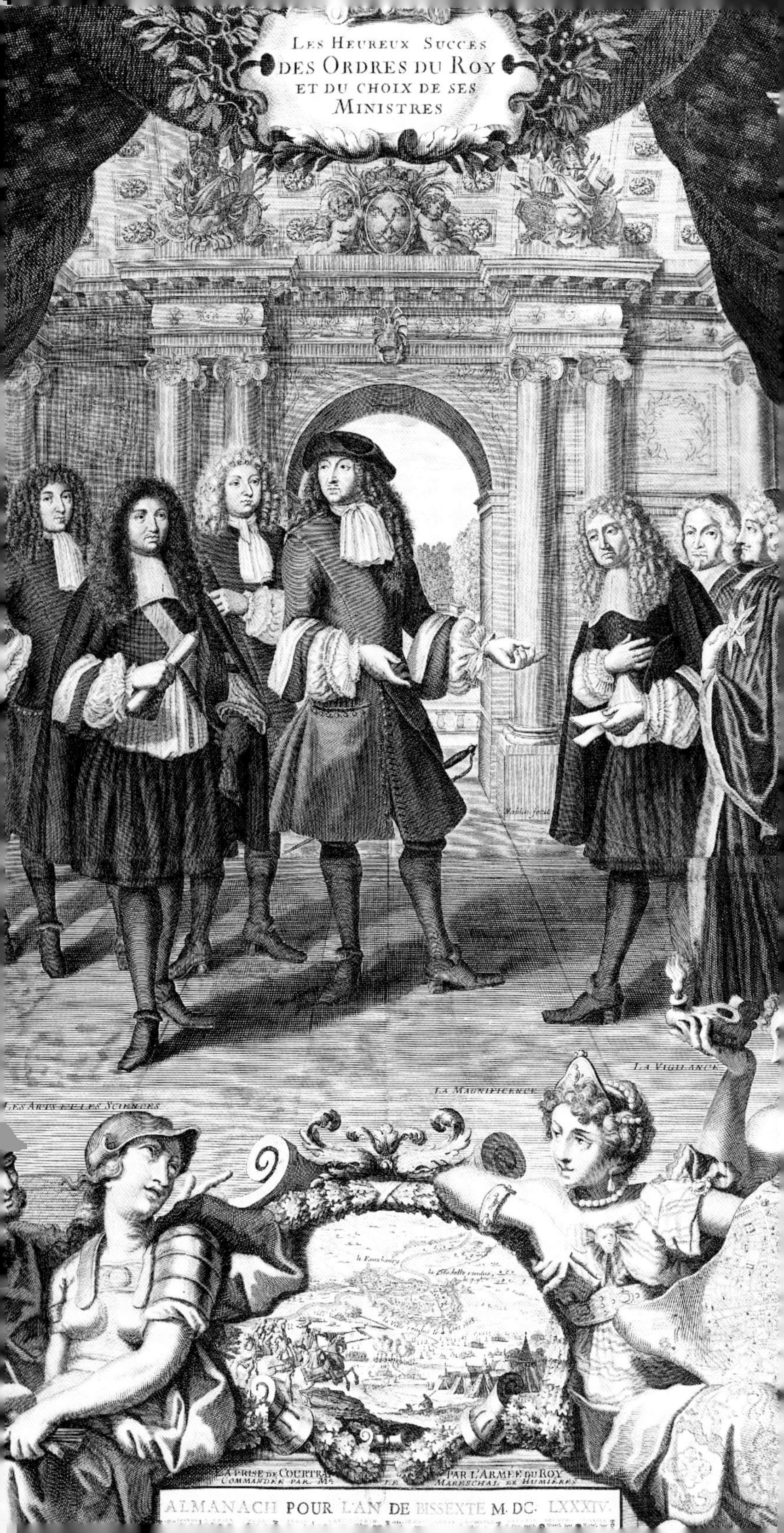
LES HEUREUX SUCCES
DES ORDRES DU ROY
ET DU CHOIX DE SES
MINISTRES
LA VIGILANCE
LA MAGNIFICENCE
LES ARTS ET LES SCIENCES
le Fauxbourg
LA PRISE DE COURTRAY PAR L'ARMÉE DU ROY
COMMANDÉE PAR M.R LE MARESCHAL DE HUMIÈRES
ALMANACH POUR L'AN DE BISSEXTE M.DC. LXXXIV.

VERSAILLES RACONTÉ

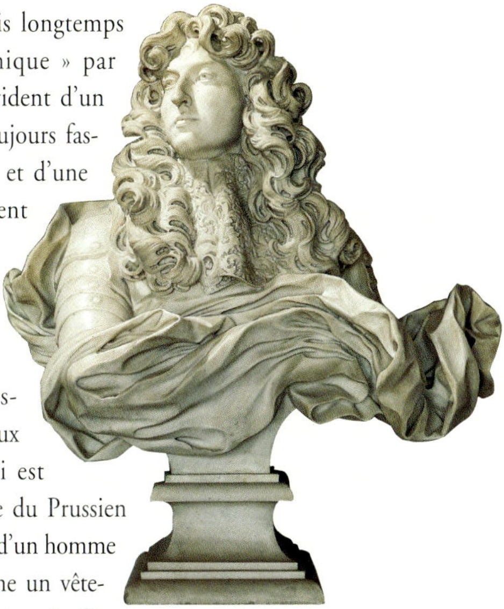

Gian Lorenzo Bernin, *Buste de Louis XIV*, 1664. Marbre, h. 80 cm. Salon de Diane.

Versailles s'est imposé depuis longtemps comme le « site monarchique » par excellence, le symbole le plus évident d'un système de société aboli mais toujours fascinant, le lieu d'un art de vivre et d'une manière de gouverner étroitement liés, pratiqués par celui qui fut le plus célèbre roi de l'histoire, Louis XIV*. On se souvient des simples mots prononcés par Frédéric-Guillaume Ier lorsqu'il apprit la disparition du vieux souverain : « Messieurs, le Roi est mort. » L'hommage involontaire du Prussien résumait la destinée et le caractère d'un homme qui avait revêtu la royauté comme un vêtement sacré dont il ne se dépouilla jamais. Ce vêtement du Roi, magnifique et déconcertant, c'est Versailles.

Par un mouvement d'aimantation perpétuellement activé, Louis XIV avait choisi de réunir autour de son existence les forces vives du royaume dans un château aux dimensions colossales. Tout autour, de grands jardins ordonnancés, un immense parc de chasse, des bâtiments dévolus aux services, des dépendances multiples bâties à la mesure des milliers de personnes gravitant autour du roi, princes, grands officiers, courtisans et domestiques, garde militaire ; enfin une ville entière conçue comme le prolongement du château pour abriter et alimenter le monde pléthorique de la Cour*. Ce monde autonome entraîné dans sa révolution planétaire, c'est Versailles.

Par miracle, le site est encore conservé, entre la ville si autoritairement tracée et les collines boisées qui cernent l'échappée des jardins et conduisent le regard vers la plaine agricole du ru de Gally. Lors de la Révolution*, il fut un temps menacé de destruction, mais il imposait le respect par sa masse, sa charge symbolique, sa renommée aussi, attirant le touriste dès le départ de la famille royale. Le château a donc survécu, ses salons, ses jardins, tout son environnement, bientôt reconnu comme un morceau essentiel des biens de la nation. Ce trésor resté intact, c'est Versailles.

Uni plus tard (1871) au régime républicain par un étrange retour de l'histoire – la chute du second* Empire, le siège de la capitale par les Prussiens et l'explosion révolutionnaire de la Commune à Paris –, Versailles, siège du gouvernement et des assemblées durant quelques

Louis XIV et ses ministres (détail). Gravure extraite de l'almanach royal de 1684. Paris, Bibliothèque nationale de France.

années, a maintenu après 1879 ses liens avec le pouvoir législatif qui continue de s'y réunir pour les grands événements de la démocratie : après l'élection du président de la République, les révisions de la Constitution. Le château offre, de ce fait, une image paradoxale et pourtant cohérente, qui réunit le symbole du passé – la monarchie « absolue » – et l'exercice éminent de la puissance démocratique, comme si l'État pérenne n'avait pu trouver ailleurs que dans ce legs somptueux de l'ancien monde le lieu d'application le plus éclatant et le mieux argumenté du pouvoir. C'est aussi cela, Versailles.

I. Versailles : histoire et destin

A. Le « château de cartes »

Tout était pourtant parti d'un petit rien, un « château de cartes » construit par un roi taciturne qui cherchait la solitude en pratiquant l'art royal de la chasse, nécessaire compensation de l'effort physique aux tâches cérébrales du gouvernement. Près de Saint-Germain-en-Laye, vieille résidence capétienne, et pas trop loin d'une capitale indispensable mais contestataire, Louis XIII* avait jeté son dévolu sur une petite colline couronnée d'un moulin à vent, au vieux village de Versailles dont l'activité principale était d'accueillir pour leur dernière étape les troupeaux de bovins venus de Normandie pour rejoindre les abattoirs parisiens.

Le vallon qui s'étendait à l'ouest, abreuvé par les rus descendant du plateau de Satory, était un site ingrat de broussailles, de boqueteaux et d'étangs, mais il avait l'avantage de communiquer directement avec les grandes forêts voisines, offrant ainsi la plus grande variété cynégétique, gibier à plume et à poil, du lièvre aux grosses « bêtes rousses ».

Pierre Patel, *Vue du château de Versailles et de ses jardins* (détail), 1668. Salles du XVIIe siècle.

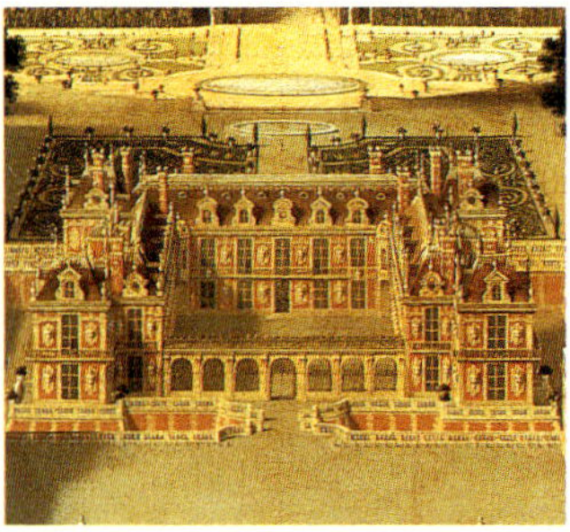

Le petit château, dont un simple gentilhomme n'aurait pas voulu tirer vanité, disait le maréchal de Bassompierre, fut bientôt agrandi et aménagé pour rendre le séjour plus agréable. Un beau jour de 1630, il est entré dans l'histoire de France lorsque Richelieu, disgracié par la reine mère à Paris, se vit assuré à Versailles, contre toute attente, de l'entière confiance de Louis XIII (journée des Dupes).

B. Le Versailles du Grand Roi

Le jeune Louis XIV découvre Versailles comme une sorte d'annexe de Saint-Germain. À la mort de Mazarin, qui lui a appris l'art de gouverner, il cherche à affirmer sa nouvelle indépendance. Cette volonté

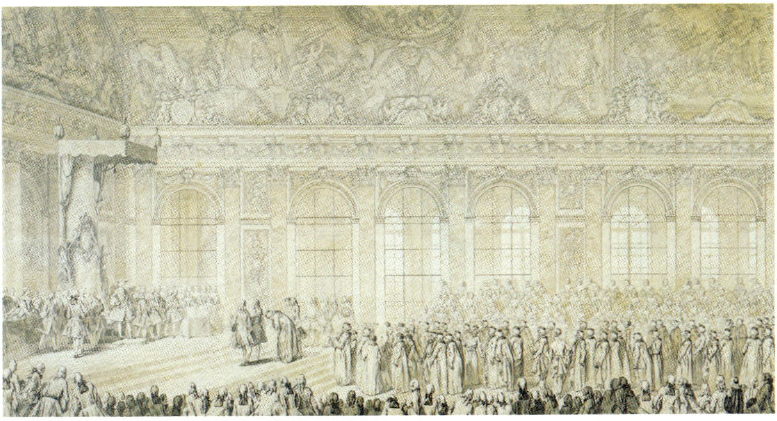

Charles Nicolas Cochin le Jeune, *Audience donnée par le roi Louis XV à l'ambassadeur de Turquie dans la Grande Galerie, le 11 janvier 1742.* Mine de plomb et lavis sur vélin 44,5 × 73,5 cm. Paris, Louvre.

d'assurer seul le pouvoir passe par un choix individuel des lieux où il va ordonner son existence, chercher ses plaisirs, abriter ses amours. Parmi les châteaux royaux de la région parisienne, il y a le petit Versailles.

La demeure est modeste, mais l'intérêt du jeune roi se porte sur les jardins dont son père avait fait tracer les grandes lignes, créant l'axe est-ouest dans la perspective du château et amorçant le drainage de ces terres détrempées et nauséabondes grâce au creusement de bassins. André Le Nôtre, que Louis XIV a vu à l'œuvre à Vaux-le-Vicomte, chez le surintendant Fouquet, est chargé de remodeler ce site difficile et d'y tracer des jardins en terrasses, agrémentés de parterres et de bosquets qui devront dépasser en agrément les plus célèbres créations italiennes. La sculpture et les jeux d'eau viennent animer les créations du grand jardinier. Ainsi, dès 1664, Louis XIV peut y offrir à la Cour, à la reine Marie-Thérèse*, et surtout à sa timide maîtresse Louise de La Vallière, sept jours de fêtes qui resteront dans les mémoires, « les Plaisirs de l'île enchantée », grâce aux talents réunis de Molière, de Lully* et de l'ingénieur Vigarani.

Le roi a peu modifié le château jusque-là, chargeant seulement son premier architecte Louis Le* Vau d'adjoindre quelques bâtiments de service et d'améliorer les appartements. Malgré les observations de Colbert*, qui tente en vain de mobiliser son intérêt sur l'achèvement du palais du Louvre, seul digne de sa gloire, Louis porte sur Versailles des regards nouveaux. Les succès militaires qu'il remporte l'encouragent davantage à l'indépendance et au plaisir de créer. Pour agrandir le bâtiment, il est décidé de doubler les trois corps de logis brique et pierre de Louis XIII, disposés en fer à cheval autour d'une petite cour, par trois autres bâtiments les enveloppant, du côté des jardins. Ils seront d'une architecture moderne, à l'italienne, avec des toits plats cachés derrière une balustrade, couronnant de grandes façades de pierre blanche ornées de colonnes et de pilastres. Le Vau engage le chantier* en 1668, l'année de la paix d'Aix-la-Chapelle.

Pages suivantes : Chapelle royale, vue de la voûte peinte par Antoine Coypel, 1708.

C'est au rythme des victoires que la construction* du château se poursuit. À la paix de Nimègue, qui conclut en 1678 la guerre de Hollande, l'absence d'une vaste galerie se fait sentir pour relier les appartements du roi et de la reine, accueillir la foule des courtisans et mieux servir la gloire du roi. Le nouvel architecte, Jules Hardouin-Mansart, construit alors la galerie* des Glaces, à l'emplacement de l'ancienne terrasse haute de Le Vau. Charles Le* Brun en assure la décoration peinte.

Déjà chemine dans l'esprit de Louis l'idée de faire de Versailles le siège du gouvernement. C'est chose faite en mai 1682. L'immense aile du Midi s'achève, destinée à abriter les appartements de la famille royale. L'aile du Nord est élevée en symétrie, ainsi que les ailes des Ministres, le grand commun des offices, les écuries, ainsi que le Trianon de marbre. Dernier chantier du règne, la chapelle*, dont la haute toiture se détache au-dessus de la longue composition horizontale du château, est terminée en 1710, après la mort de Mansart, par Robert de Cotte. Voici achevé le Versailles du Grand Roi, au double visage de Janus : deux architectures antinomiques adossées l'une à l'autre, brique et pierre à grands toits côté ville, haute ordonnance de pierre sans toit apparent côté jardins.

Louis XV*, héritier de l'immense machine bâtie à la taille de son arrière-grand-père, ne s'accommodera du château qu'en y développant les espaces intérieurs dévolus à sa vie privée. Par goût personnel, il fait tracer à Trianon un jardin botanique et construire une résidence de retraite, le Petit Trianon, par Gabriel. Le même architecte bâtit l'Opéra* à l'extrémité de l'aile du Nord. Il est également chargé d'étudier la reconstruction

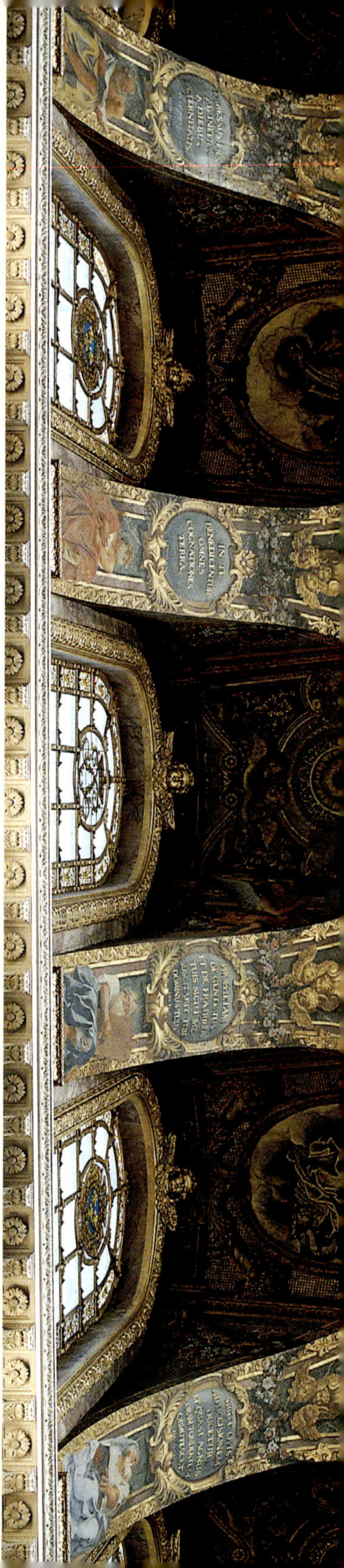

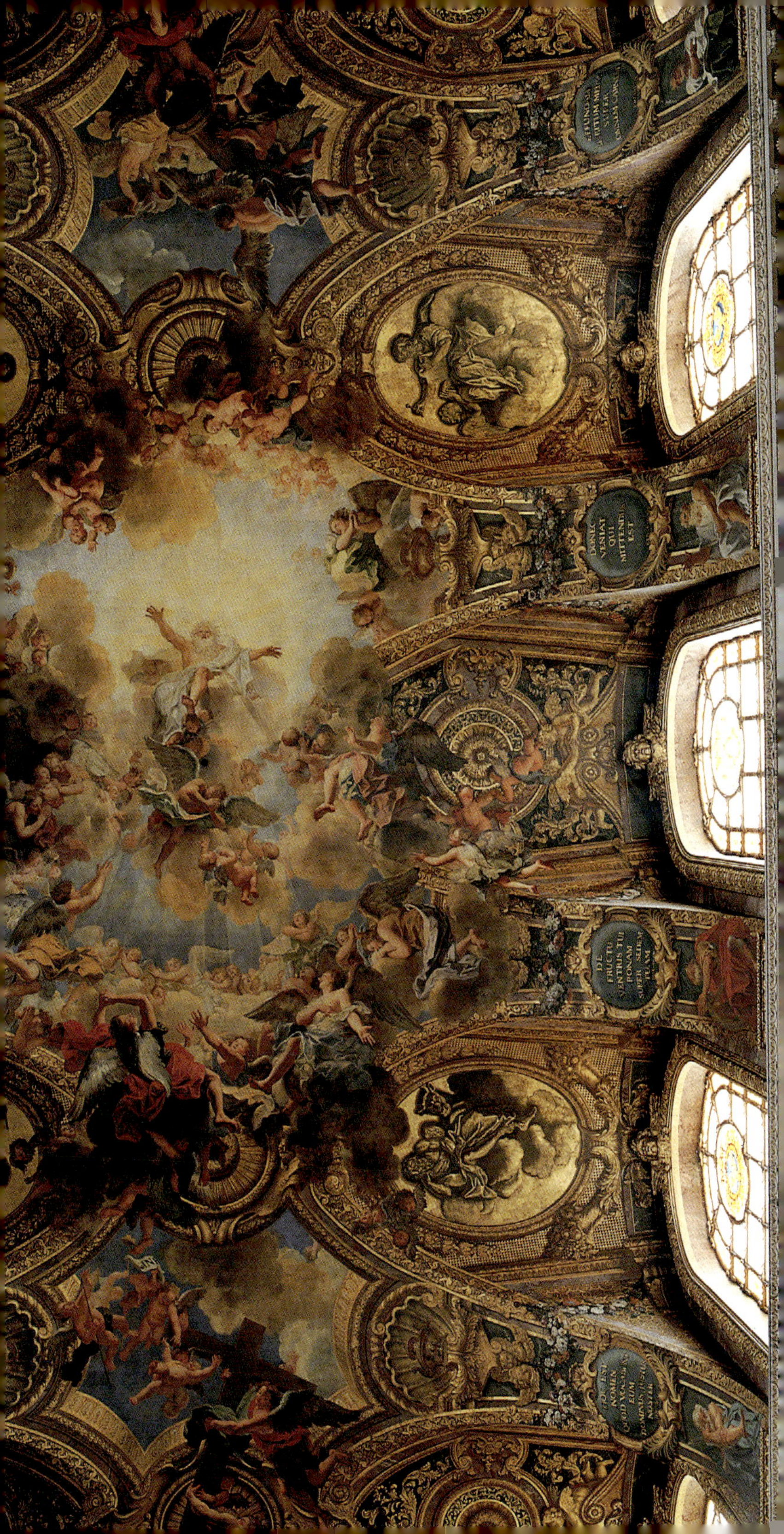
DONEC VENIAT QUI MITTENDUS EST
DE FRUCTU VENTRIS TUI PONAM SUPER SEDEM TUAM

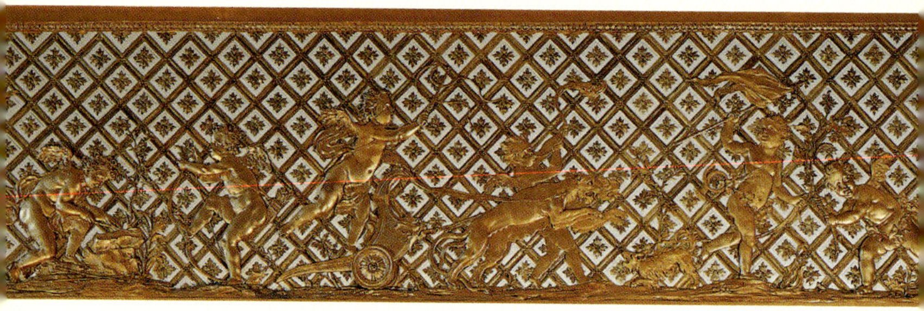

des façades du château du côté de la ville, pour faire disparaître les façades colorées de Louis XIII jugées rétrogrades. En réalité, il ne modifiera que l'aile droite de la cour* Royale. Louis XVIII, beaucoup plus tard, fera construire en symétrie le pavillon Dufour, qui présente les mêmes grandes colonnes sous un fronton. Tandis que s'achève l'Ancien Régime, c'en est fini des transformations de Versailles. L'état des finances royales n'a pas permis à Louis XVI* de faire poursuivre le grand dessein de Gabriel : quelques aménagements dans les appartements intérieurs, le hameau de la Reine, voilà les seules nouveautés que trouveront les révolutionnaires en octobre 1789 lorsqu'ils viendront chercher la famille royale pour la ramener dans leur Paris. Après cette date, la vaste cité du soleil laissa perplexes les régimes successifs. Aux premières occupations de fortune, utilitaires et transitoires, Napoléon Ier, Louis XVIII et Charles X rêvèrent de substituer l'installation résidentielle du souverain, mais ils y renoncèrent rapidement, trouvant finalement à Trianon une demeure plus simple, moins officielle, plus familiale.

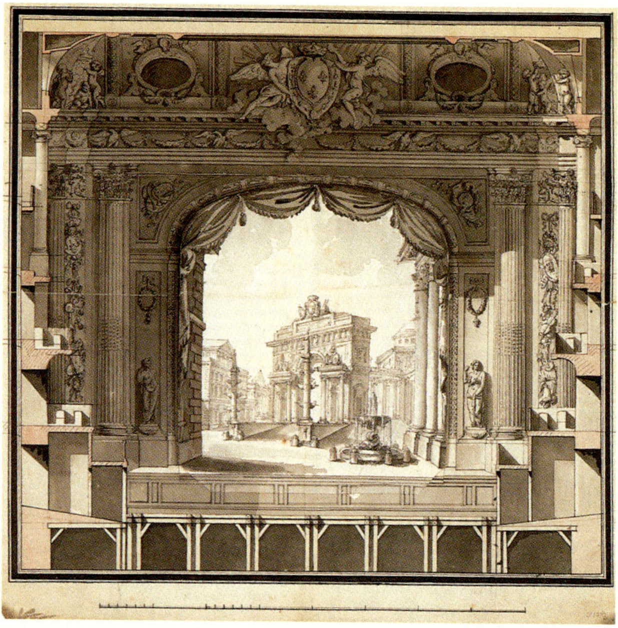

Jacques Ange Gabriel, *Élévation de la scène de l'Opéra*, 1753-1770. Plume et lavis. Paris, Archives nationales.

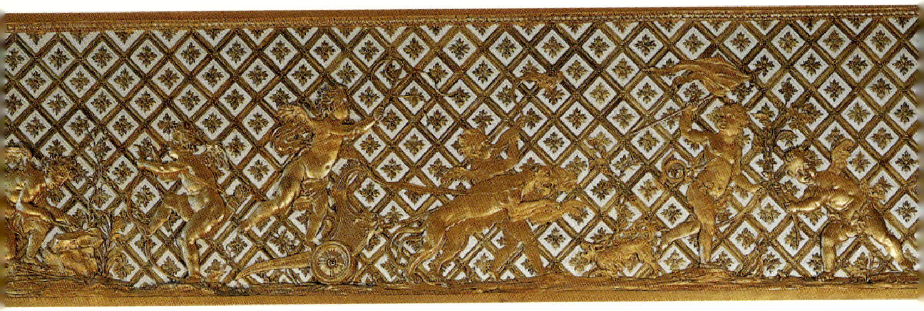

Antichambre de l'Œil-de-Bœuf, détail de la frise des *Jeux d'enfants*.

C. Le palais de la Nation

C'est Louis*-Philippe qui trouva finalement la solution de l'énigme pour utiliser le coûteux investissement de la vieille monarchie : il choisit de l'offrir à la nation et d'en faire un musée, renouvelant ainsi le geste de la première République au palais du Louvre. À Versailles, ce ne fut pas un musée de chefs-d'œuvre de l'art, mais une grande collection thématique, d'une ampleur encore jamais vue, un musée de l'histoire de France dédié à toutes les gloires civiles et militaires du pays.

Dans les appartements bouleversés pour obéir au programme défini personnellement par le Roi-Citoyen, on disposa les œuvres choisies ou commandées comme les pages d'un immense livre d'histoire en images. Ici, dans ces salles organisées selon les thèmes sériels de l'historiographie traditionnelle revivifiée à l'âge des Guizot et des Michelet, toutes les familles politiques que comptait alors la France, jacobins et bonapartistes, constitutionnels et légitimistes, devaient se réconcilier dans l'exaltation commune de l'épopée nationale. Pièce maîtresse de l'ensemble conçue avec une belle ampleur à l'image de la galerie du Bord de l'eau du Louvre nantie d'un éclairage zénithal, la galerie des Batailles* rassemblait toutes les victoires, de Clovis à Napoléon. Logées dans un ensemble de salles de l'aile du Nord, les croisades* n'étaient pas oubliées, non plus que la conquête de l'Algérie où s'illustraient alors les fils de Louis-Philippe. Lors de l'inauguration, en 1837, le château de Versailles se voyait donc pourvu de sa double identité, celle qui s'est maintenue jusqu'à nos jours : château symbole de l'Ancien Régime et musée de l'histoire de la nation.

II. Le pouvoir et la Cour

A. Le cœur du royaume

De 1682 à 1789, Versailles a donc abrité le cœur du royaume. Hormis la transhumance saisonnière de la Cour à Fontainebleau ou les échappées à Trianon et à Marly, le château-ville vit au rythme de la journée royale dont Louis XIV, le « roi-machine », selon l'expression d'un de ses récents historiens (J.-M. Apostolidès, 1981), a fait un chef-d'œuvre d'horlogerie. « Avec un almanach et une montre », écrit Saint-Simon, descripteur impitoyable du régime et de la Cour,

« on pouvait à trois cents lieues d'ici dire ce qu'il faisait. » Ici, tout s'ordonne, tout se décide. Refusant de prendre un Premier ministre, Louis s'appuie sur des hommes qu'il a faits et dont il s'assure de la fidélité : Colbert d'abord, Louvois ensuite, chefs de clans familiaux dont il équilibre à son profit les propices rivalités. C'est l'époque du « Conseil étroit », ou « Conseil d'en haut », formé des seuls ministres, qui prépare et appuie les décisions essentielles, alimentées par les rapports des intendants et les dépêches des maréchaux.

Plus tard, à la mort de Louvois en 1691, Louis modifie encore son comportement. Le Conseil n'est plus réuni que pour la forme, sauf dans les grandes occasions, comme la succession d'Espagne. Le roi gouverne seul, abattant dans sa journée un travail considérable. Ces dossiers les plus divers qu'il examine avec l'un ou l'autre de ses fidèles dans le grand cabinet de Mme de Maintenon*, c'est la « liasse », qui témoigne de l'étonnante capacité de concentration du vieux roi, toujours attaché à la création d'un État moderne.

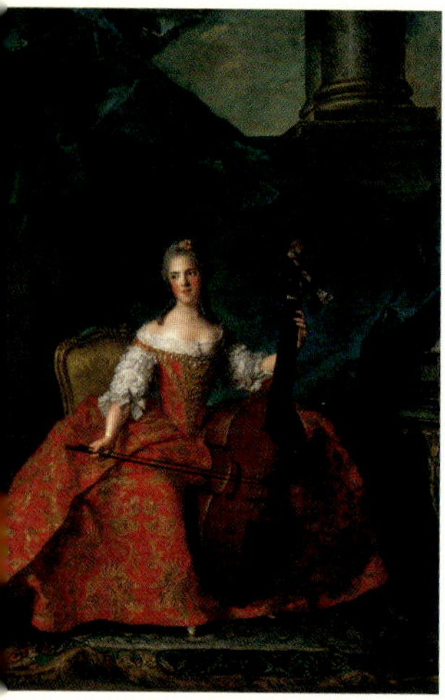

Jean-Marc Nattier, *Madame Henriette jouant de la basse de viole,* 1748-1754. H/t 246 × 185 cm. Appartement de Madame Adélaïde.

B. Le roi et son entourage

La famille royale, les ducs et pairs et toute la foule des courtisans entourent le roi de leur présence empressée… et obligatoire. Une absence est remarquée, sanctionnée. Les cérémonies du lever et du coucher, avec leur savante hiérarchie des « entrées », assujettissent tout ce qui compte à Versailles. La messe quotidienne à la chapelle, le souper au « grand* couvert » sont des occasions de voir le roi prier ou se nourrir, et avec quel appétit ! La galerie des Glaces et l'antichambre de l'Œil*-de-Bœuf accueillent cette population avide de se faire voir, de réclamer, de savoir. Un regard du roi, une parole apparemment anodine font et défont la faveur, lancent ou ruinent une carrière.

C. Les distractions royales

Pour agrémenter la vie de cette foule attachée à son existence et l'empêcher de ranimer les forces particularistes et centrifuges qui ont miné la régence de sa mère, le roi multiplie les divertissements. La chasse est l'occupation majeure. Durant l'époque des brillantes maîtresses, de grandes fêtes ont été organisées dans les jardins, en 1664, 1668, 1674. Spectacles et réjouissances nautiques sur le Grand Canal, feux d'artifice se poursuivront durant les trois règnes. Les Grands Appartements* accueillent à jour régulier des réceptions où l'on danse, on joue, on prend la collation. Surtout, la musique* règne sur toutes les manifestations de la vie du roi et de la Cour. Un goût très vif pour le théâtre* s'exprime aussi. Les spectacles sont montés dans des salles de fortune où les courtisans s'entassent contre toutes les règles de sécurité.

Avec la vieillesse de Louis XIV et l'accumulation tragique des deuils, l'atmosphère s'alourdit. Le roi ne goûte plus guère que la musique religieuse (les grands motets de Delalande), mais il laisse sa petite-fille la duchesse de Bourgogne vaquer aux plaisirs de son âge. La jeunesse qui s'ennuie court alors s'amuser à Paris, amorçant un mouvement qui se généralisera à l'époque de la Régence et ne cessera plus. Sous Louis XV, sous Louis XVI, les grandes fêtes protocolaires subsistent à Versailles, tout comme l'étiquette, dont l'application est ouvertement critiquée comme surannée et inhumaine. Mais la musique, le jeu, la comédie, les soupers et collations, tout le plaisir de vivre, se pratiquent surtout au sein de petits cercles intimes, dans les appartements privés, notamment chez les maîtresses de Louis XV, Mme de Pompadour*, puis Mme Du Barry*.

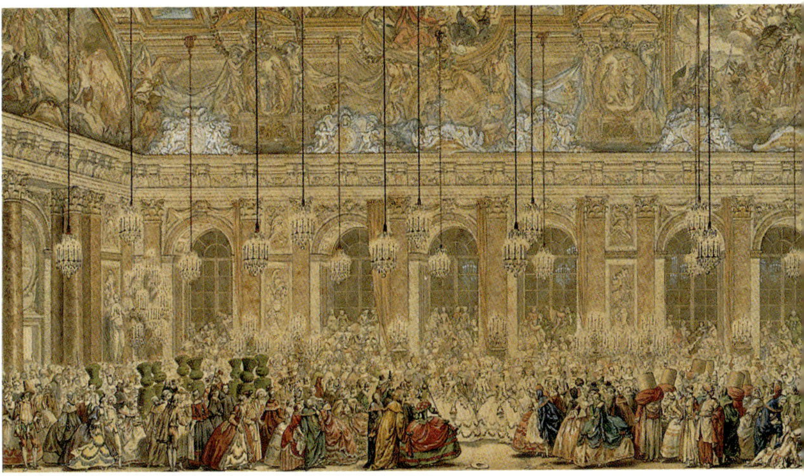

Charles Nicolas Cochin le Jeune, *Bal masqué donné par le roi dans la Grande Galerie, le 25 février 1745.* Mine de plomb, plume, lavis et aquarelle 45,5 × 76 cm. Paris, Louvre.

III. L'excellence française

Si Louis XIV avait conservé, en l'agrandissant, le château de son père, ce n'est sans doute pas, comme on l'a soutenu longtemps, pour quelque raison de piété filiale. En fait, lors de la construction de l'« enveloppe » par Le Vau à partir de 1668, on peut croire que les ailes brique et pierre n'étaient conservées que par commodité, pour permettre au roi de ne pas interrompre ses séjours, puisqu'elles abritaient ses appartements ; mais aussi parce que l'on ne savait trop par quoi les remplacer. Une fois le chantier engagé, l'idée fut abandonnée. Des embellissements avaient

déjà été apportés aux façades de Louis XIII, d'autres furent ajoutés ensuite : bustes, balcons, colonnes, plombs des toitures.
Ainsi revalorisée, l'architecture* polychrome fut alors adoptée d'une façon systématique pour tous les agrandissements du château du côté est, tant par Le Vau que par Mansart : ailes des Ministres, grand commun, façades latérales des écuries, hôtels particuliers au modèle imposé implantés sur les axes majeurs de la nouvelle ville de Versailles. Une subtile variation du style coloré exploité à la fin du XVIe siècle, puis sous Henri IV (place des Vosges à Paris) et sous Louis XIII, trouvait ainsi à s'exprimer, offrant en quelque sorte l'une des faces de cet art classique* dont Louis XIV entendait faire de sa jeune capitale le foyer le plus brillant.

A. Le style Louis XIV

Ravir le primat des arts à Rome, rivaliser avec les Antiques pour mieux exalter les valeurs des Modernes stimulées dans les différentes académies royales créées pour répondre à sa volonté, c'est le but que s'est donné le roi. À Versailles, il veille avec attention au « détail » de tout. À travers Versailles, c'est tout ce qui se fait de grand à Paris et dans la province qui va trouver une sorte de régulation harmonique. Elles-mêmes issues des réflexions menées à propos des façades du nouveau Louvre, les façades du château vers les jardins donnent le ton en France et en Europe. Le Vau, Le Brun, Le Nôtre, puis Mansart sont les artisans de cet archétype qui ne s'exprime pas seulement dans le domaine de l'architecture, mais aussi dans celui de la peinture décorative, celui des jardins, ainsi que dans l'œuvre des grands sculpteurs qui ont l'occasion de s'exprimer tout à la fois à l'intérieur et à l'extérieur.
À une première étape où se devinaient encore les tentations du baroque italien, les premiers bosquets, la Ménagerie, le Trianon de porcelaine, avec l'appel permanent aux allégories mythologiques, succède une expression plus mesurée, plus harmonieuse, plus nationale, du style Louis XIV. L'adoption de l'ordre « français » pour les chapiteaux de la galerie des Glaces, ornés de la fleur de lis et du coq gaulois, en est la plus parlante manifestation. La représentation des événements contemporains où le roi paraît en personne, dépouillé de tout le système allusif précédent à Apollon, Hercule, César ou Alexandre, est un signe qui ne trompe pas. Le grand style royal est né de sa volonté et de la qualité des grands artistes qu'il a attirés. Les tapisseries, l'histoire du roi par les médailles participent de la même politique. Joyau de cette nouvelle création, où s'exprime une

splendide liberté de conception, le Trianon de marbre reflète plus que toute autre construction le goût et les idées personnelles de Louis XIV qui veut trouver son agrément dans ce palais des fleurs.
Dans le décor intérieur, les prémices d'un art nouveau sont apparus dès le règne de Louis XIV, à Trianon par exemple, les lignes rigides des grands lambris de bois s'infléchissent. On recherche souplesse et gaieté pour ce vieux roi qui veut « de l'enfance partout ». Mais les chantiers se raréfient puis s'interrompent à Versailles, durant les dernières années de Louis XIV, puis les années d'enfance et de jeunesse de Louis XV.
C'est à Paris, dans les nouvelles demeures des princes ou des fermiers généraux, que l'art rocaille trouve son laboratoire, servi par le talent des sculpteurs des Bâtiments du roi. Il surgit ainsi tout élaboré à Versailles lors des premiers travaux exécutés par Louis XV et atteindra aussitôt les sommets de la perfection, tout en gardant une certaine retenue vis-à-vis des audaces parisiennes.

B. Du style rocaille au néoclassicisme

Le rocaille règne à Versailles, avec ses grands lambris blanc et or, ses cheminées de marbres colorés, ses bronzes, son mobilier, ses soieries, dans les appartements intérieurs et les cabinets du roi et de la reine, du Dauphin et de la Dauphine, mais aussi dans la grande chambre* de la reine. Il porte la double signature de l'architecte Gabriel et du sculpteur sur bois Verberckt*. Celui-ci sera supplanté par Jules Antoine Rousseau* pour le cabinet du Conseil*.
Dès le milieu du XVIIIe siècle, un changement s'amorce. Des réminiscences du style Louis XIV, l'épuration de l'ornementation, la recherche d'une simplicité plus proche des modèles de l'Antiquité mènent progressivement vers le néoclassicisme*. Gabriel s'est fait l'artisan de cette transformation. Après le Pavillon français de Trianon, qui épouse encore un plan en X si prisé dans l'Europe du rococo, il élève le Petit Trianon, chef-d'œuvre de rigueur et d'atticisme. L'aile dite Gabriel à Versailles est d'un style colossal qui tranche brutalement avec l'architecture polychrome de la cour de Marbre. On lui doit encore l'Opéra, et l'un des joyaux de la décoration intérieure, la bibliothèque* de Louis XVI, réalisée par les Rousseau dès 1774.

Double page suivante : Eugène Delacroix, *La Bataille de Taillebourg* (détail), 1837. Galerie des Batailles.

C. Les chefs-d'œuvre des collections royales

Les transformations opérées sous Louis-Philippe n'ont pas ajouté un grand chapitre à l'histoire de l'art français. Pourtant, la galerie des Batailles, les salles des Croisades ou les salles d'Afrique témoignent d'un

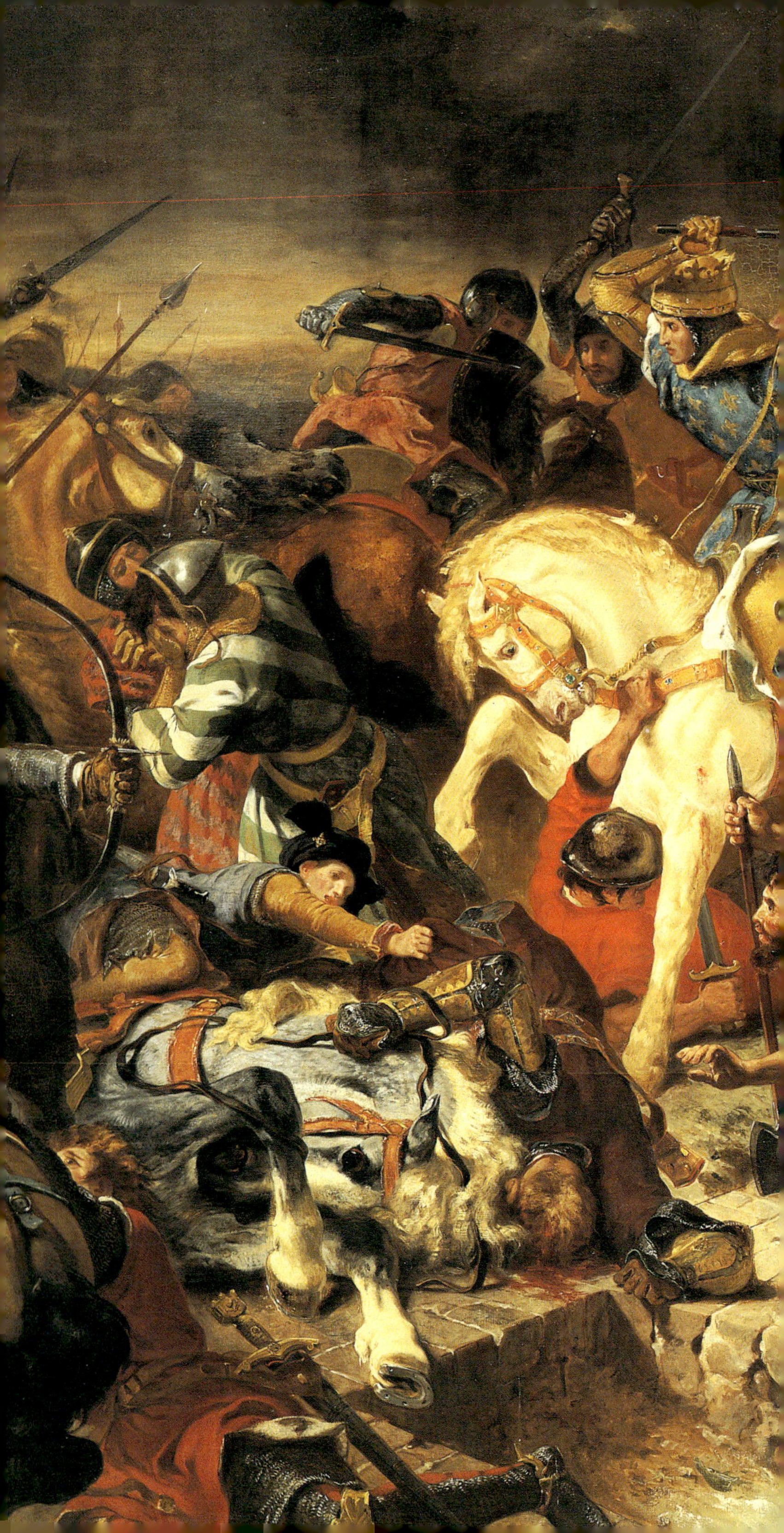

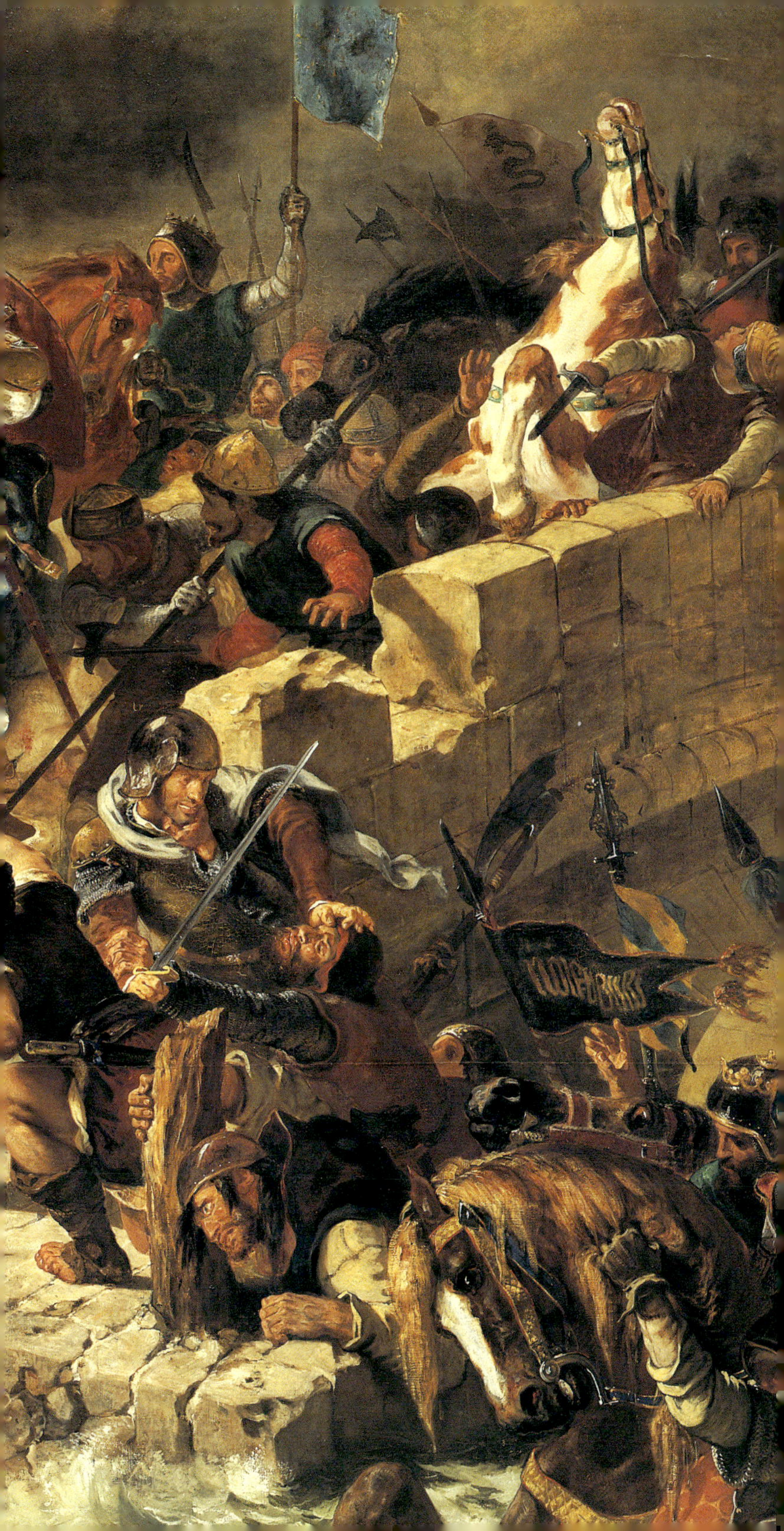

véritable esprit monumental, lié à une bonne conception des impératifs muséographiques. Les œuvres présentées l'emportent néanmoins sur l'architecture. Les anciennes collections* royales ou princières réunies comprennent en effet d'incontestables chefs-d'œuvre : dans le domaine du portrait, de Philippe de Champaigne à Rigaud, de Le Brun à Nattier*, de Largillière à Mme Vigée*-Lebrun ; dans la peinture d'histoire, qu'il s'agisse de la représentation du roi lui-même, des campagnes militaires (Le Brun, Van der Meulen), des paysages (H. Robert), etc. Dans sa quête de nouvelles représentations historiques auprès des artistes contemporains, Louis-Philippe n'a pas eu la main malheureuse : depuis le favori et fécond Horace Vernet* jusqu'à Delacroix, poète fougueux d'un Moyen Âge coloré (*La Bataille de Taillebourg*).

IV. Comment visiter Versailles ?

A. Des circuits pour un public varié

La visite de Versailles réserve à l'amateur le plaisir de l'inattendu et du foisonnement, plaisir qui doit résister à la fatigue des immensités. D'où l'évident conseil sans cesse répété de venir plusieurs fois, d'ajuster sa connaissance des lieux par des touches successives, de compléter peu à peu ses impressions pour parvenir à la constatation primordiale et surprenante : l'unité qui s'exprime à travers les façades et les jardins, les salons et les cabinets intérieurs, non pas une unité de style, mais une unité de civilisation.

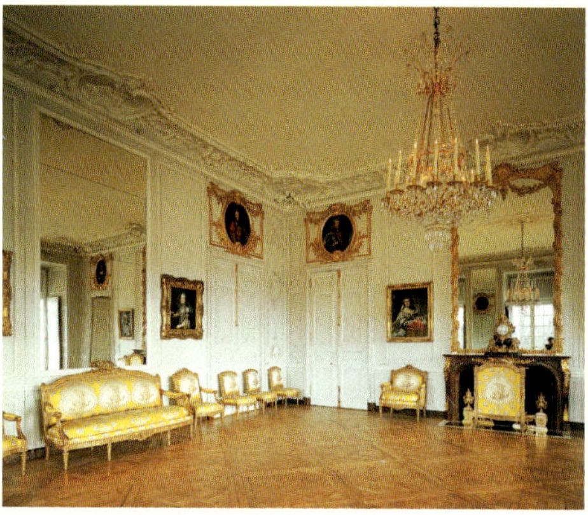
Appartement de Madame Victoire, Grand Cabinet.

En revanche, c'est un vrai plaisir de chercher dans les appartements l'écho des changements de goût et de générations, les traces des modifications issues des affectations successives. Celles-ci apportent une charge émotionnelle supplémentaire en suggérant à travers l'espace la pression du temps et la force de l'évocation historique.

La greffe du musée Louis-Philippe permet de renforcer cette évocation pour le XVIIe et le XVIIIe siècle en fournissant sur place (galeries du XVIIe dans l'aile du Nord ; peintures du XVIIIe dans les appartements, surtout ceux du Dauphin, de la Dauphine et de Mesdames) la meilleure iconographie des hommes et des événements.

Pour des raisons pratiques et fonctionnelles, et pour permettre une meilleure compréhension des ensembles et un parcours plus logique dans les appartements royaux et princiers, plusieurs circuits de visite ont été différenciés, et permettent cette connaissance progressive du château.

B. De la chapelle aux Grands Appartements

Le premier d'entre eux commence par la chapelle royale et se poursuit dans le Grand Appartement du roi, les anciens salons des Planètes du premier Versailles de Louis XIV, augmentés sous Louis XV du salon d'Hercule*. Leur enfilade, faite pour les fêtes et divertissements de la Cour, débouche sur la grande perspective de la galerie des Glaces, entre les salons de la Guerre* et de la Paix*, face au panorama des jardins, le parterre d'eau, le tapis vert et le Grand Canal. En retour au midi, c'est l'appartement de la reine, qui a vu se dérouler l'existence journalière des souveraines jusqu'aux journées tragiques vécues par Marie-Antoinette*. Pour terminer, le musée Louis-Philippe s'impose sans transition : salle du Sacre*, salle de 1792, galerie des Batailles.

L'appartement de Louis XIV, éclairé sur la cour de Marbre, forme le deuxième ensemble, centré sur la chambre du roi, entre l'Œil-de-Bœuf et le cabinet du Conseil. S'y ajoutent au rez-de-chaussée les appartements de l'héritier du trône et de son épouse, le Dauphin et la Dauphine.

C. Les appartements privés

Grâce à des visites guidées, on accède enfin aux appartements privés, l'appartement intérieur du roi, les cabinets intérieurs de la reine, les appartements de Mesdames, ceux de Mme de Pompadour ou de Mme Du Barry. L'effort de restauration* et de remeublement qui s'est poursuivi avec succès depuis quarante ans s'est donné pour principale priorité de restituer l'état du château en octobre 1789 : décor des murs, tissus, meubles et objets d'art. C'est là qu'on peut admirer les plus grands chefs-d'œuvre du mobilier réalisés sur commande du roi ou de la reine, ainsi le bureau de Louis XV par Œben et Riesener*. L'accumulation des sièges, des commodes, des objets d'art permet de mieux appréhender le décor quotidien de la monarchie au XVIIIe siècle. Mieux comprendre l'épaisseur du temps. Mieux saisir, au cœur de cet univers immense et divers, la logique des fonctions vitales et l'unité du geste créateur.

Jean-Pierre BABELON
membre de l'Institut,
directeur général du Musée et du Domaine national de Versailles.

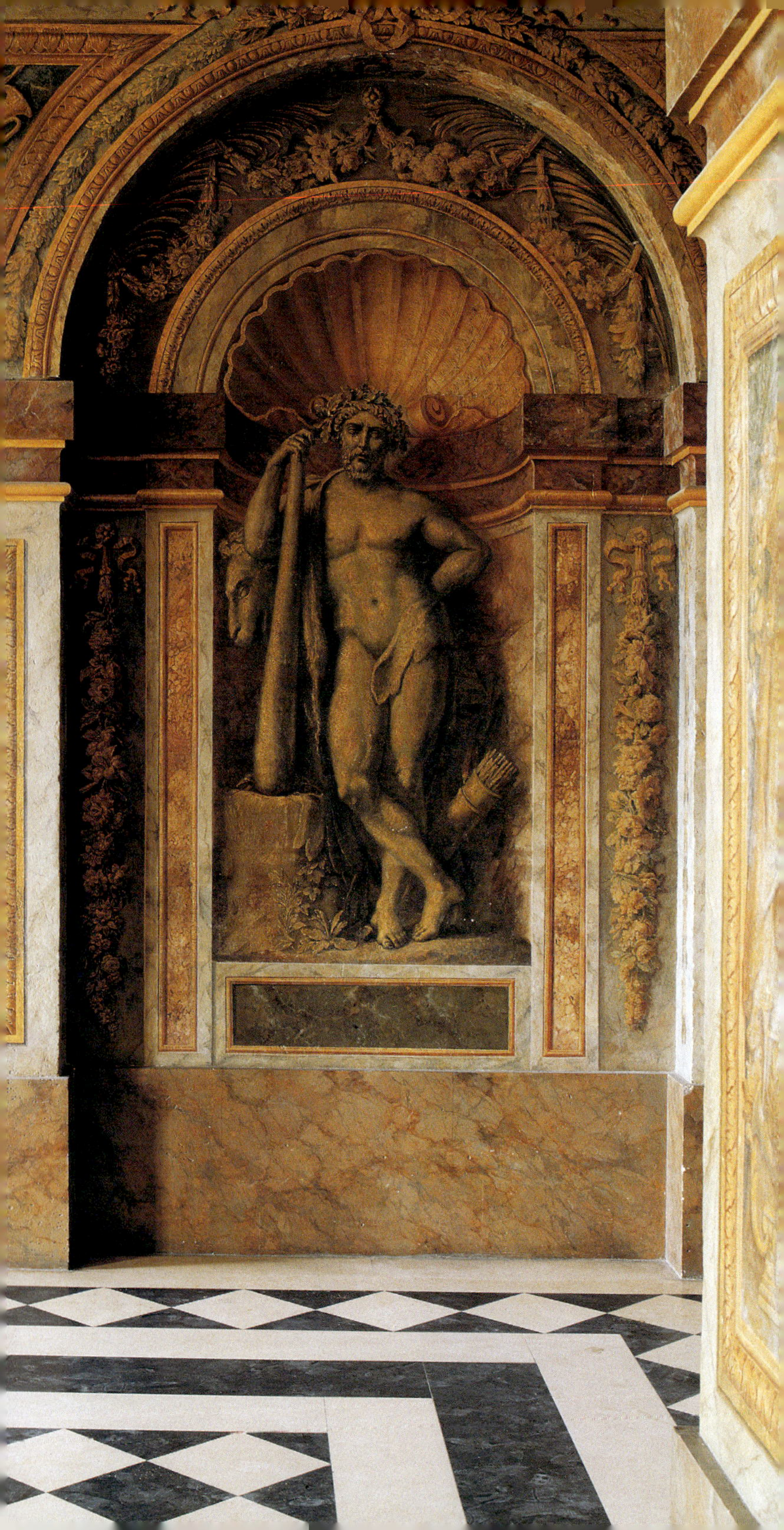

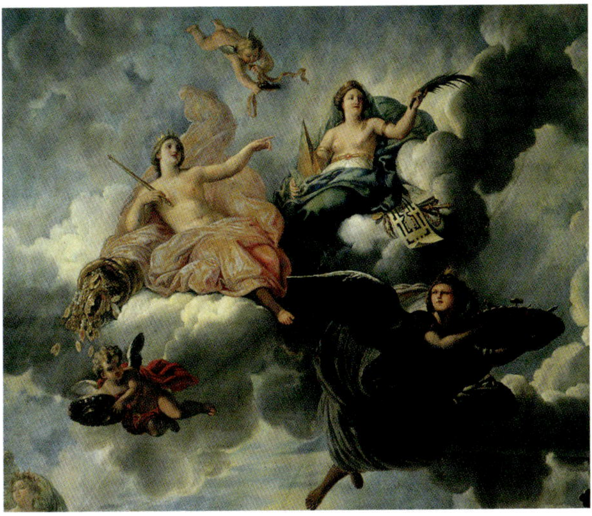

René Antoine Houasse, *La Magnificence royale*. Plafond du salon de l'Abondance.

2 Abondance (Salon de l')

Cette salle, aménagée en 1680, servit d'abord de vestibule au cabinet des Curiosités (ou des Raretés) de Louis XIV*, auquel cinq marches permettaient d'accéder. Jusqu'en 1710, date d'achèvement de l'actuelle chapelle*, le salon de l'Abondance reliait le Grand* Appartement du roi à l'une des anciennes chapelles, remplacée par le salon d'Hercule*. Il était « éclairé de lustres de cristal de roche admirables », meublé de douze médailliers à incrustations d'ébène et d'écaille qui renfermaient la collection de médailles d'or du roi, et orné « de vases garnis d'or, de diamants [...] d'autres agates incrustées d'émeraude, de turquoise, de jade, de perles, etc., des porcelaines de la Chine et du Japon ».

Les « soirs d'appartement », trois grands buffets y étaient dressés, destinés aux courtisans : café, chocolat, liqueurs, sorbets, eaux de fruits et vins étaient servis en abondance.

Au plafond, René Antoine Houasse a figuré *La Magnificence royale* et *Le Progrès des Beaux-Arts*, avec les joyaux du cabinet des Curiosités, en particulier la « nef » du roi, et plusieurs objets aujourd'hui conservés au Louvre. Les bustes de bronze représentant des personnages de l'Antiquité proviennent des anciennes collections* royales ; à l'emplacement des œuvres de Véronèse et de Poussin, aujourd'hui au Louvre, on peut voir les portraits du Grand Dauphin, du duc de Bourgogne et de Philippe V d'Espagne par Hyacinthe Rigaud, ainsi que celui de Louis XV* par Jean-Baptiste Van Loo. CC

Page de gauche : Salle des Hoquetons.

René Antoine Houasse, *Vases précieux*. Détail du plafond.

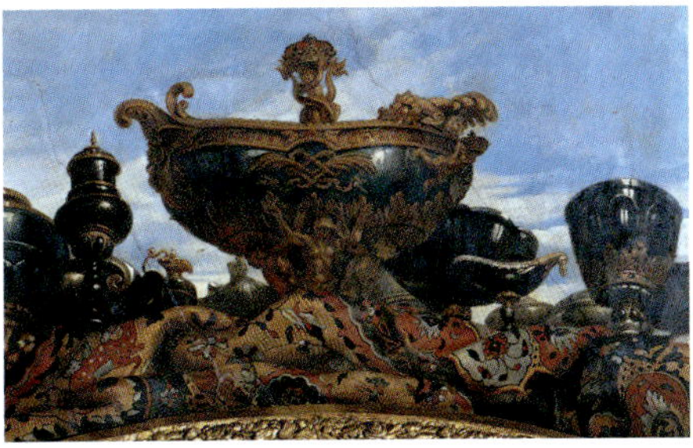

Ambassades étrangères

Avant que Versailles soit en mesure d'accueillir les réceptions solennelles d'ambassadeurs étrangers, ces cérémonies se déroulaient à Fontainebleau (légat du pape Fabio Chigi, en 1664) ou à Saint-Germain (Soliman Aga, envoyé du Sultan, en 1669 ; Mohammed Temim, envoyé du sultan du Maroc, en 1682).

En 1685, la réception du doge de Gênes en personne inaugurait à Versailles une série de cérémonies exceptionnelles qui se poursuivit l'année suivante avec la délégation du Siam, puis en 1699 avec un nouvel envoyé du Maroc. Les visiteurs, arrivant par l'escalier des Ambassadeurs*, traversaient le Grand* Appartement du roi jusqu'à la galerie* des Glaces, à l'extrémité de laquelle se trouvait une estrade supportant le trône, déménagé du salon d'Apollon* pour l'occasion, et le fameux mobilier* d'argent. La magnificence de Versailles prenait alors tout son sens politique, tandis que l'étiquette (voir Cour) contribuait à solenniser la cérémonie. La délégation perse fut reçue en 1715, quelques semaines avant la mort du souverain.

Sous Louis XV* et Louis XVI*, les réceptions d'ambassadeurs à Versailles se firent plus rares ; les plus marquantes furent celles de Muhammad Saïd Pacha en 1742, puis de Tippoo Sahib, sultan du Mysore, en 1788. TB

Ambassadeurs (Escalier des)

La construction de la nouvelle aile de Le* Vau permit la création, vers 1672-1680, d'un escalier d'apparat. Situé à l'extrémité est de l'appartement du roi, côté cour, l'escalier des Ambassadeurs ouvrait sur la cour* de Marbre par trois grilles de bronze doré, seuls vestiges encore conservés *in situ*, et débouchait à l'étage sur les salons de Vénus* et de Diane*, vestibules du Grand* Appartement du roi. La cage monumentale était éclairée par une verrière dispensant un éclairage zénithal, ce qui constituait une importante prouesse technique, tandis que l'escalier lui-même comprenait une première volée centrale aboutissant à un repos orné d'une fontaine et relié aux paliers de l'étage par deux volées à montée divergente.

L'ordonnance générale revient à François d'Orbay et à Charles Le* Brun, lequel se chargea en outre de la conception du

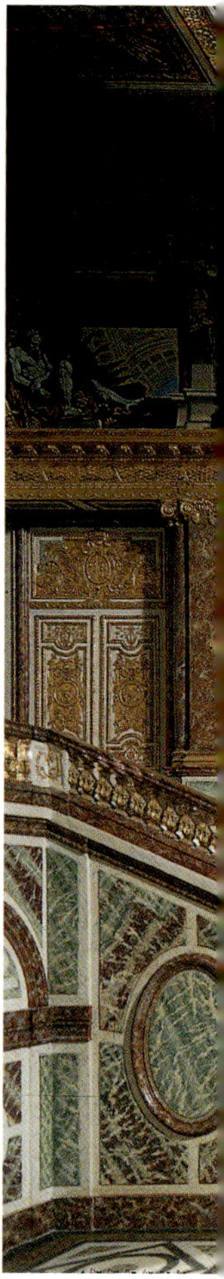

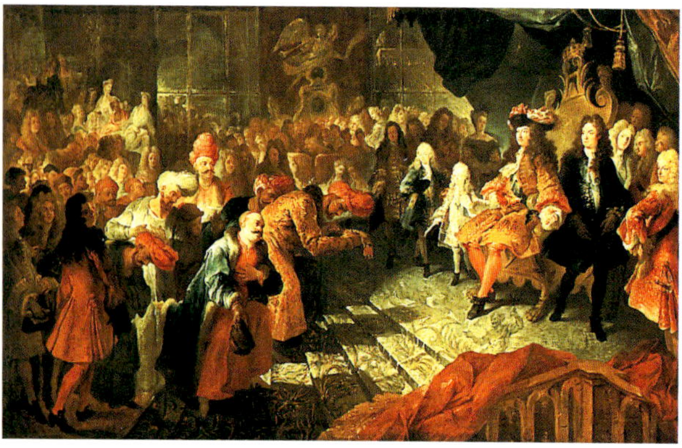

Nicolas de Largillierre, *Louis XIV recevant l'ambassadeur de Perse le 19 février 1715*. H/t 70 × 153 cm. Musée national du château de Versailles.

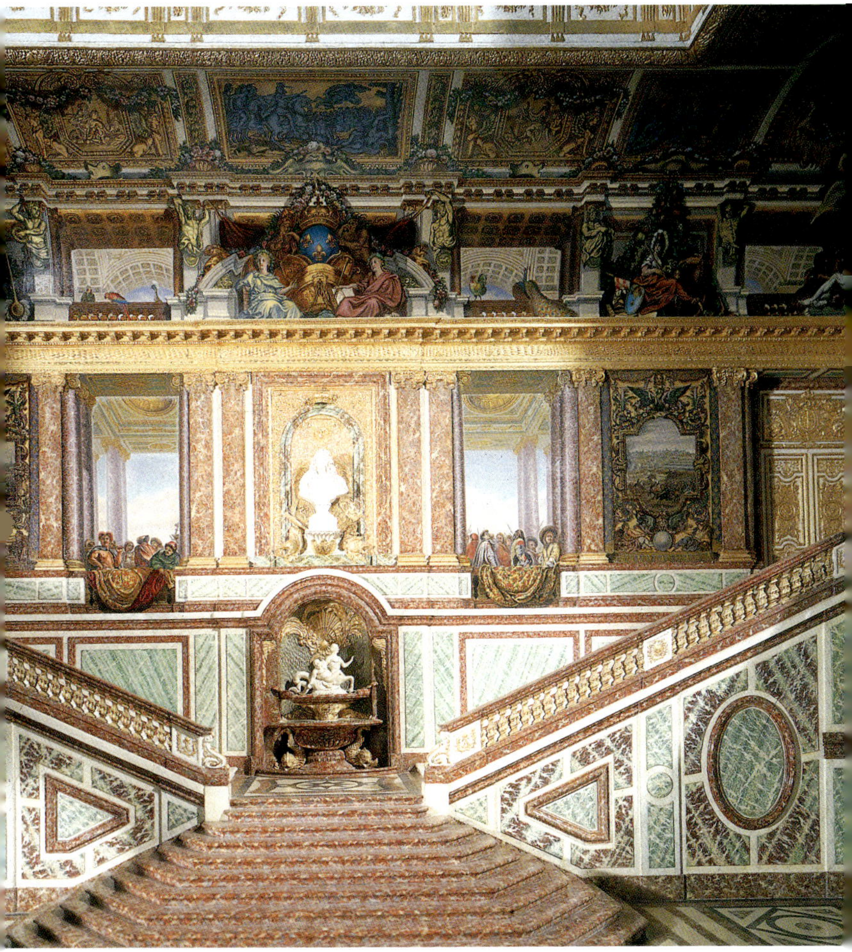

Maquette de l'escalier des Ambassadeurs, réalisée par Ch. Arquinet en 1958. Musée national du château de Versailles.

décor. La partie basse était ornée d'une marqueterie de marbres de couleurs différentes. L'étage était scandé par des pilastres entre lesquels alternaient, disposés symétriquement de part et d'autre du *Buste de Louis XIV* dû à Jean Warin (Versailles), des portes de bois doré (vraies ou fausses), des trophées sculptés, les armes de France et de Navarre ainsi que des scènes peintes. Quatre peintures représentaient ainsi les habitants des différents continents se pressant sur une loggia, derrière une balustrade, pour rendre hommage au monarque (réductions de deux d'entre elles à Versailles) ; quatre autres, figurant des tapisseries feintes tendues au mur, illustraient des scènes de la conquête des Flandres (une à Versailles). Comme dans l'appartement lui-même, les voussures exaltaient les actions du roi sous le couvert de références à l'Antiquité, de symboles* et d'allégories.
En 1752, Louis XV* décida de la destruction de ce magistral ensemble, en vue du réaménagement des appartements intérieurs. TB

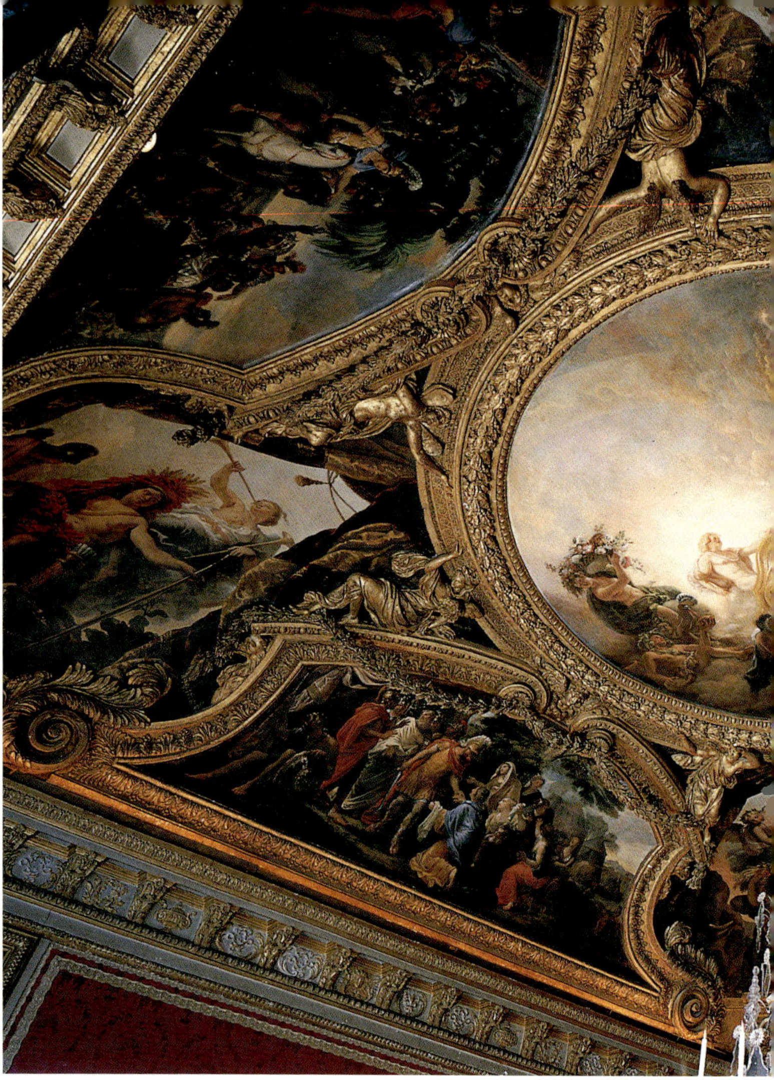

7 APOLLON (SALON D')

Le projet de Le* Vau, exécuté après sa mort en 1670, faisait de ce salon le centre du programme iconographique du Grand* Appartement du roi, cette pièce dédiée au dieu solaire étant sa chambre* d'apparat. Son décor était, par le choix de ses marbres, le plus riche de l'appartement. On avait confié à Charles de La Fosse l'exécution du plafond, avec au centre *Apollon sur son char, accompagné des Saisons* ; aux voussures, quatre panneaux illustrant l'héroïsme et la sagesse des héros antiques ; dans les angles, les *Quatre Continents.*

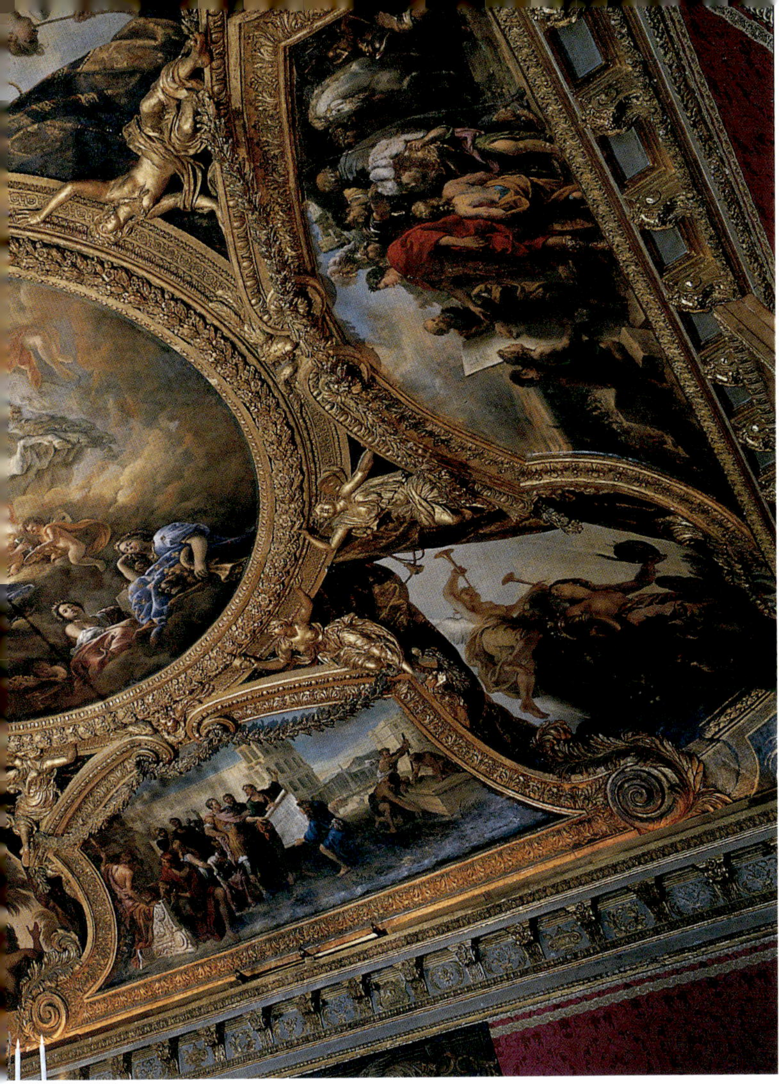

Après la construction du salon de la Guerre*, l'appartement du roi fut modifié et le lit transporté dans le salon de Mercure* voisin, le salon d'Apollon devenant alors salle du Trône (on voit encore dans la corniche, au fond de la pièce, les crochets qui servaient à fixer le dais) ; les audiences ordinaires se tenaient dans cette pièce, le trône étant installé dans la galerie* des Glaces pour les audiences extraordinaires des ambassadeurs*. Les « soirs d'appartement », le bal avait lieu dans ce salon, et le roi, grand danseur lui-même dans ses jeunes années, y assistait depuis les marches du trône. La richesse du décor n'avait d'égale que celle de l'ameublement : les tentures d'été et d'hiver étaient les plus riches du château et les chefs-d'œuvre des collections* royales de peinture y étaient accrochés. Au-dessus de la cheminée figurait le portrait de Louis XIV* dû à Hyacinthe Rigaud (aujourd'hui au Louvre et remplacé par une répétition), auquel faisait pendant, au XVIIIe siècle, sur le mur opposé, le portrait d'apparat du souverain régnant. On y voit aujourd'hui le portrait de Louis XVI* par Callet. AP

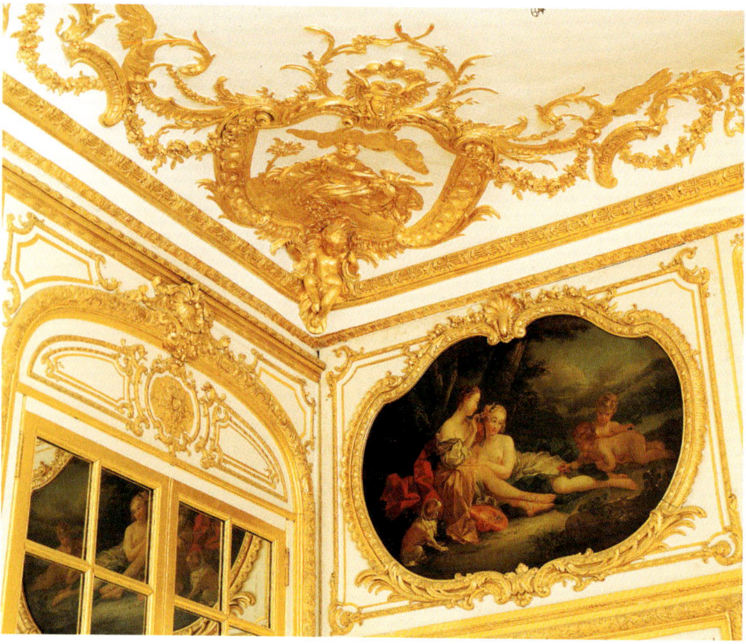

Cabinet de la Pendule, détail des boiseries sculptées par Jacques Verberckt.

Appartement intérieur du roi

Situé au premier étage et ouvrant au midi sur la cour* de Marbre et sur la cour Royale, l'appartement intérieur du roi réunissait à l'époque de Louis XIV* un ensemble de pièces dans lesquelles étaient présentées certaines des plus belles œuvres des collections* royales. Le roi n'y conviait que les membres de sa famille et quelques privilégiés qui partageaient sa passion des beaux objets et des curiosités les plus rares. Cette vocation des lieux disparut avec Louis XV*.
À partir de 1738, le roi fit transformer l'ensemble des cabinets en un appartement d'habitation offrant plus de confort et d'intimité. Ainsi, une nouvelle chambre* fut aménagée dans l'ancien billard (ou cabinet des Chiens) du Roi-Soleil, et Louis XV décida d'y dormir, ne conservant la grande chambre officielle que pour les cérémonies du lever et du coucher (voir Journée du roi). Le cabinet de la Pendule*, créé par la réunion de deux pièces, servit parfois le soir de salon des Jeux*. Le cabinet* d'angle devint le bureau du roi. L'arrière-cabinet, remplaçant dès 1754 le salon Ovale, lui permettait de prendre connaissance en toute tranquillité des rapports que lui adressaient ses agents secrets depuis l'étranger et de leur donner ses consignes par écrit.
Toutes ces pièces, par l'homogénéité de leurs décors, constituent aujourd'hui de remarquables exemples du style Louis XV. Les boiseries richement sculptées par Jacques Verberckt* combinent enfants, masques, éléments végétaux et floraux en riches compositions asymétriques caractéristiques du rocaille* français.
En 1769, l'appartement intérieur s'agrandit de nouvelles pièces : le cabinet de la Vaisselle* d'or

où Louis XV exposa sa vaisselle précieuse, le salon des Jeux que Louis XVI* transforma en 1774 en bibliothèque, la salle à manger dite « aux salles neuves », et la salle à manger des seigneurs, qui devint par la suite le salon des Jeux de Louis XVI. C'est dans la nouvelle chambre que Louis XV mourut le 10 mai 1774. XS

Appartements.

Voir Grands Appartements et Petits Appartements

ARCHITECTURE : MESURE ET DÉMESURE

On a l'habitude d'opposer la rigueur classique, qui serait française, à la fantaisie baroque, marque de l'influence italienne. En ce sens, Versailles tel qu'il était sous l'Ancien Régime, et tel qu'il est encore aujourd'hui, associe les deux concepts en une synthèse involontaire.

Tout d'abord, le parti de juxtaposer le « château de cartes » à la française avec l'« enveloppe » à l'italienne de Le* Vau puis les ailes d'Hardouin*-Mansart implique ce qui fut ressenti comme une bizarrerie tranchant avec l'ordonnance des agrandissements (voir Construction). En outre, on est loin de la logique théorique des projets initiaux, tant pour le bâtiment que pour les jardins et leur réalisation, altérée par de perpétuels remaniements : le cycle des Planètes dans le Grand* Appartement du roi fut tronqué, la chapelle* déménagée cinq fois, etc. On notera enfin que le goût du jeune Louis XIV*, loin d'être austère et dépouillé, va à l'opulence des dômes, des marbres polychromes, des plafonds aux fortes moulures.

Pour somptueux qu'il fût, le château n'est plus aujourd'hui qu'un écrin vide ; il faut imaginer cette vie de faste et de splendeurs se reflétant de façon fugitive dans les miroirs de la galerie* ou dans les bassins du parc, les fêtes, les jeux d'eau, les éclairages à la bougie, les costumes bigarrés des courtisans ou des domestiques, ainsi que les servitudes de l'étiquette (voir Cour). TB

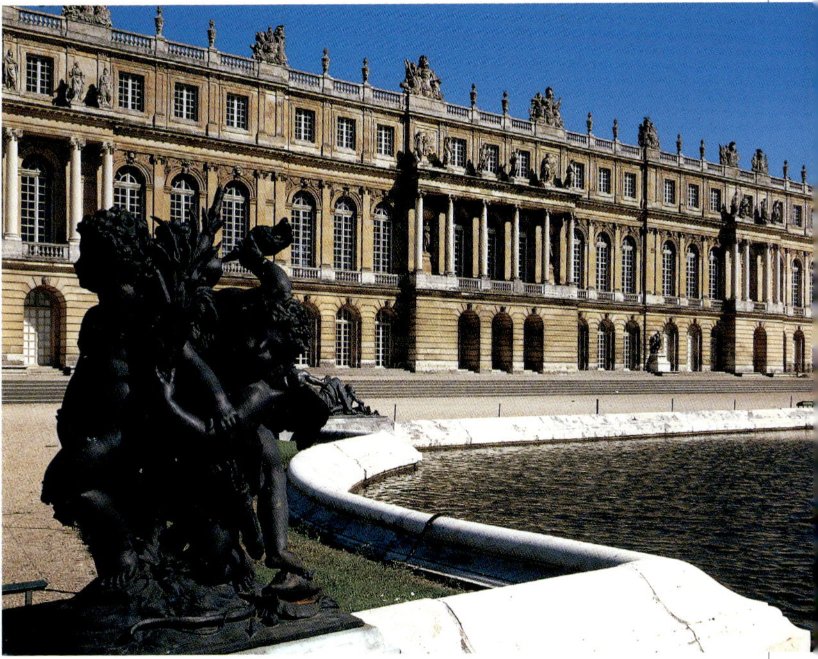

Façade ouest du corps central.

Barry (Mme Du)
Présentée à la Cour* le 22 avril 1769, Jeanne Bécu (1743-1793), devenue comtesse par son mariage le 1er septembre 1768 avec Guillaume Du Barry, fut la dernière maîtresse de Louis XV*. Après les morts successives de Mme de Pompadour* (1764), du Dauphin (1765) et de la reine Marie Leszczynska* (1768), le roi s'éprit à 60 ans de cette jeune femme à qui il concéda l'essentiel de ses Petits* Appartements du deuxième étage (composés d'une dizaine de pièces dont une salle à manger, une salle des buffets, une bibliothèque, un grand cabinet, une chambre...), au-dessus de son appartement * intérieur. Elle ne s'y installa qu'en décembre 1770, après que des travaux de dorure eurent été effectués sur une partie des boiseries.
L'inventaire des meubles de son appartement versaillais, où domine le nom de Leleu, témoigne à la fois du luxe déployé par la favorite et du style déjà « Louis XVI » de ses achats. À la mort de Louis XV, tout fut déménagé à Louveciennes,

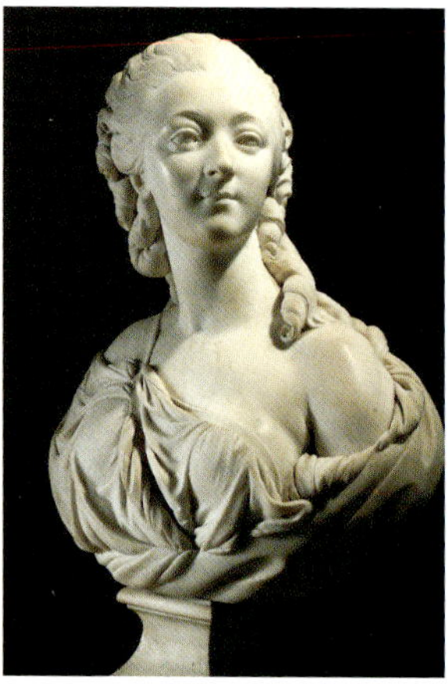
Augustin Pajou, *Buste de Mme Du Barry*, 1773. Marbre, 72 × 49 cm. Paris, Louvre.

« Un roi qui s'ennuie, à qui on ne parle que de misère dans le travail, qui est épris d'une jolie jeune femme, qui ne voit plus qu'elle et ce qui lui est abandonné pour en tirer parti, est à plaindre. »

Le duc de Croÿ, 1771.

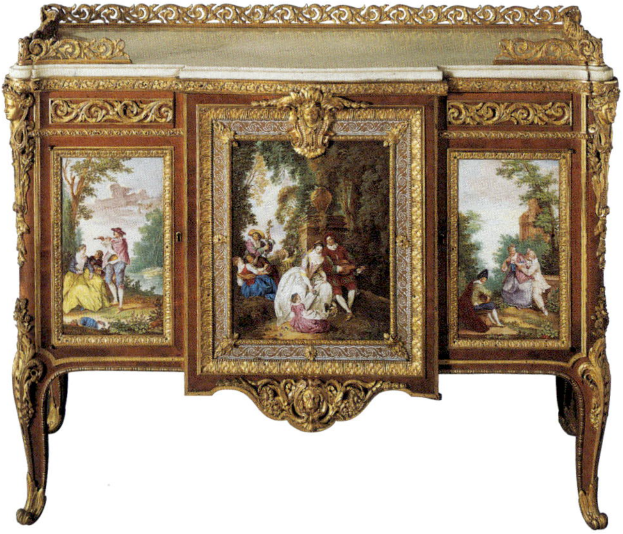
Martin Carlin et Manufacture de Sèvres, commode à trois vantaux, 1772. Bois de placage et tableaux de pâte tendre peints d'après J.-B. Pater, N. Lancret et C. Van Loo. Paris, Louvre.

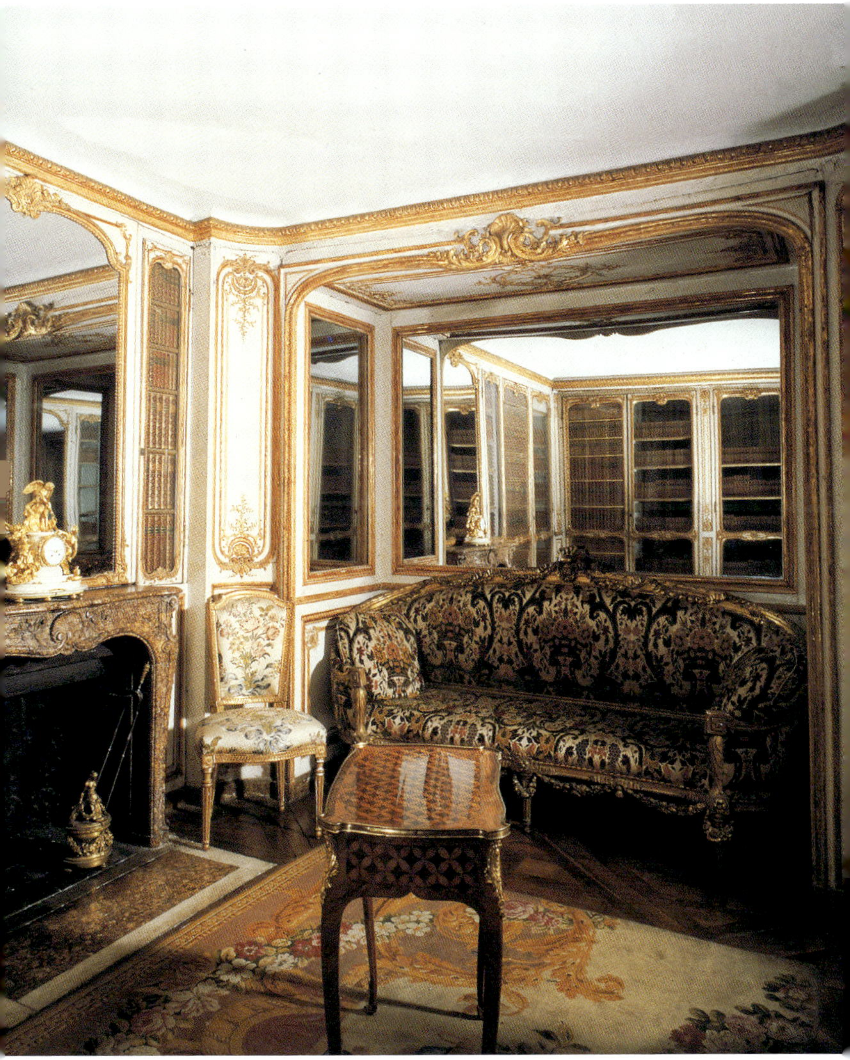

petit château édifié à la fin du XVIIe siècle et que la comtesse avait reçu en usufruit en juillet 1769 et fait réaménager.
À l'automne de 1770, elle avait aussi demandé à l'architecte néo-classique Ledoux de construire à proximité un pavillon.
Son goût pour les objets raffinés et coûteux conduisit Mme Du Barry à passer l'essentiel de ses commandes au marchand-mercier Simon Philippe Poirier, qui lui livra ainsi, pour le grand cabinet et la chambre à coucher de son appartement au château de Versailles, deux extraordinaires commodes de Martin Carlin, dont l'une était ornée de cinq tableaux de porcelaine* de Sèvres peints d'après des œuvres de Nicolas Lancret, Jean-Baptiste Pater et Carle Van Loo (Louvre). XS

Bibliothèque de Mme Du Barry.

53 BATAILLES (GALERIE DES)

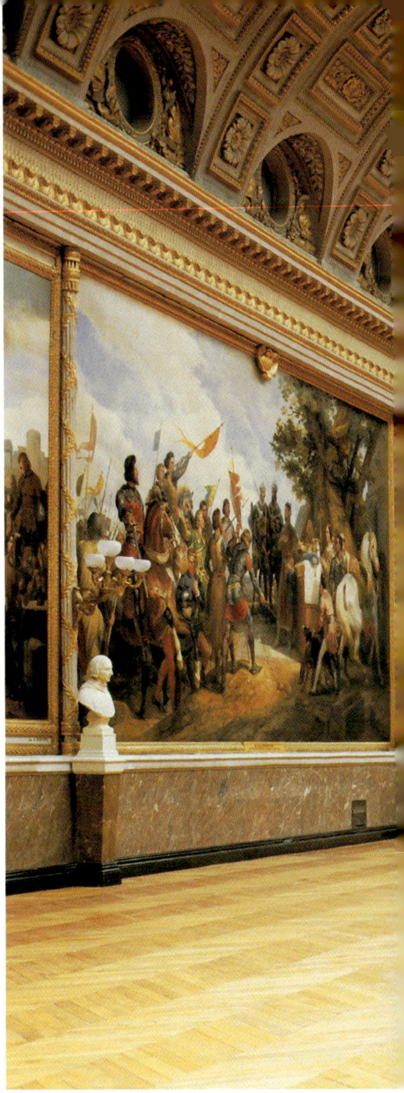

De 1833 à 1837, Louis-Philippe* transforma radicalement le premier étage de l'aile du Midi, affecté sous l'Ancien Régime au logement des princes de la famille royale, en une immense galerie retraçant sommairement l'histoire militaire de la France.

Sa conception architecturale est capitale, en vertu principalement de sa charpente métallique compliquée, ce qui était encore une nouveauté à l'époque, peu après la construction du pont des Arts et de la Halle au blé, et peu avant celle de la bibliothèque Sainte-Geneviève, à Paris. Elle présente en outre un éclairage zénithal, rendu nécessaire par la fermeture de presque toutes les fenêtres donnant, à l'ouest, sur le parc : c'est une sorte de concrétisation des projets d'Hubert Robert pour la galerie du Bord de l'eau, au Louvre.

De Clovis à Napoléon, l'histoire s'y lit de gauche à droite. Y sont égrenés et mis en valeur les noms de Tolbiac, Poitiers, Bouvines, Marignan, Rocroy, Yorktown, Rivoli ou Austerlitz, illustrant une histoire essentiellement événementielle, faite de héros, de cavaliers, d'états-majors, de blessés, où transparaît l'autorité d'un chef militaire autour duquel s'organise le plus souvent la composition. L'ensemble de cette galerie exalte cette légitimité du chef, voire du souverain, annonçant d'emblée celle du roi des Français et se voulant un livre d'histoire accessible à tous.

Autour des artistes que l'on retrouve dans les grandes décorations parisiennes contemporaines (en particulier les églises et les grands bâtiments civils) comme Alaux ou les

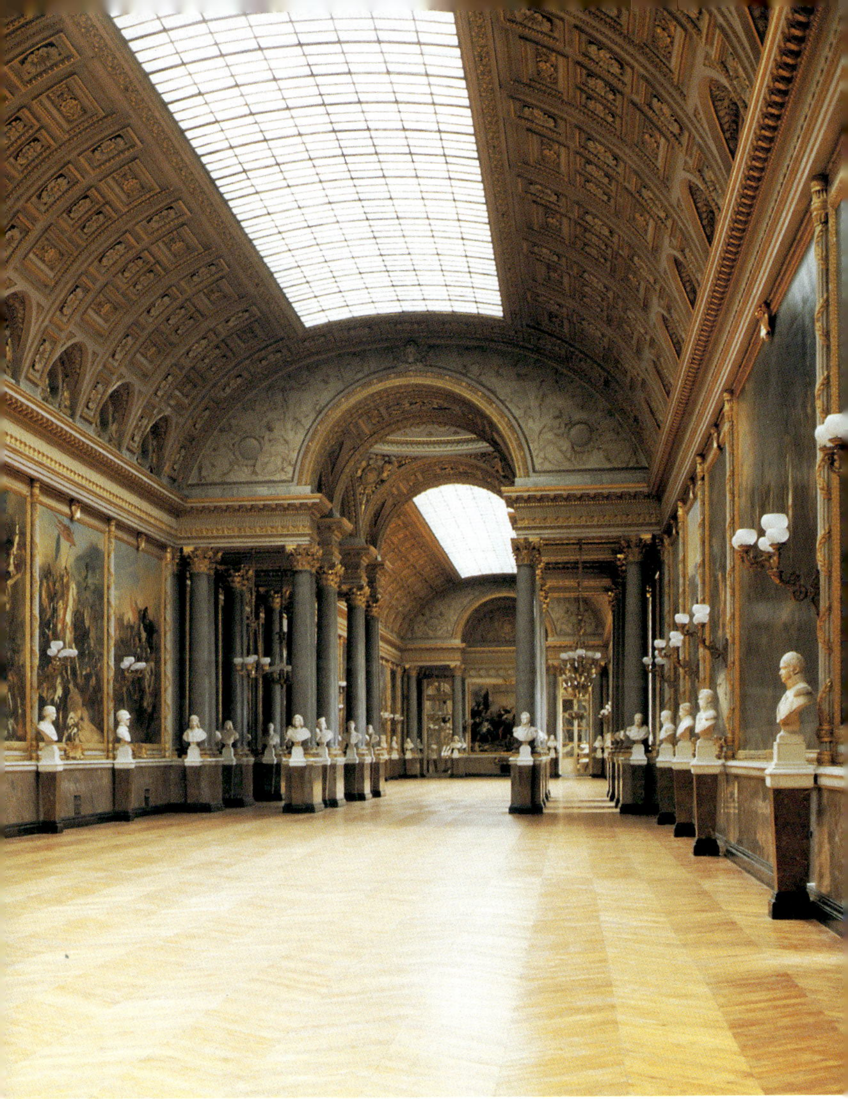

frères Scheffer, se distinguent tout particulièrement Delacroix (avec une très fougueuse et colorée *Bataille de Taillebourg*, qui fait partie d'une série importante se rapportant à la guerre de Cent Ans) et Horace Vernet*, auteur de cinq tableaux, au style beaucoup plus modéré. Lors de l'inauguration du musée, en 1837, les invités ne pouvaient « se lasser d'admirer les belles proportions, les riches ornements de cette galerie entièrement nouvelle ». Les artistes Heim et Biard ont laissé des tableaux rappelant ces fêtes. CC

Un musée dédié « à toutes les gloires de la France. »

31 Bibliothèque de Louis XVI

Établie sur l'emplacement d'une partie de la Petite Galerie* de Mignard*, la bibliothèque de Louis XVI* constitua le premier aménagement demandé par le nouveau souverain en juin 1774 ; il fut aussi le dernier travail de Jacques Ange Gabriel à Versailles.
La structure architecturale de la pièce, divisée en trois niveaux, est soulignée par la finesse des ornements sculptés par Jules Antoine Rousseau* dans un équilibre typique du néoclassicisme* des années 1770. La cheminée, provenant d'un salon aménagé pour Mme Du Barry* à Fontainebleau, est ornée de bronzes de Gouthière et de sculptures de Boizot représentant des enfants frileux. Une partie du mobilier* fut fournie par Riesener*, dont la grande table circulaire qui s'y dresse aujourd'hui ; le décor était complété par deux globes céleste et terrestre. Les portes garnies de dos de reliures ferment la pièce sur elle-même ; le roi y trouvait souvent un refuge solitaire, utilisant la longue-vue qui y était à demeure pour surveiller, comme il le faisait également depuis sa bibliothèque des combles, les allées et venues des cours* du château. AP

Boulle (André Charles)

André Charles Boulle (1642-1732), né à Paris d'une famille originaire de Hollande, fut nommé ébéniste, ciseleur, doreur et sculpteur ordinaire du roi en 1672. Logé au Louvre, il effectua toutefois peu de commandes royales avant la réalisation, entre 1681 et 1683, d'un décor en marqueterie et d'un mobilier* pour l'appartement du Dauphin à Versailles. C'est en 1708 qu'il livra deux « bureaux » pour la chambre du roi à Trianon, puis deux meubles analogues pour Marly. Le terme de « commode » n'apparut qu'en 1714, à l'occasion d'une livraison pour la chambre royale de Fontainebleau.
Outre la création d'un type de meuble promis à un brillant avenir, l'innovation majeure de Boulle réside dans un emploi

André Charles Boulle, commode exécutée pour la chambre de Louis XIV au Grand Trianon, v. 1708-1709. Salon de Mercure.

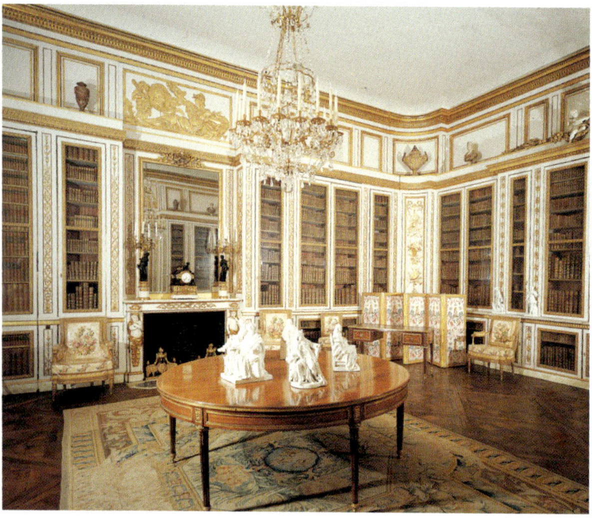

Bibliothèque de Louis XVI.

hardi du décor de bronzes, prolongeant hors des cadres des panneaux les arabesques de la marqueterie d'écaille et de cuivre. Ses créations jouiront d'une telle réputation aux siècles suivants que les pastiches se multiplieront et que les superbes bronzes de ces deux commodes se retrouveront sur de nombreux meubles. AP

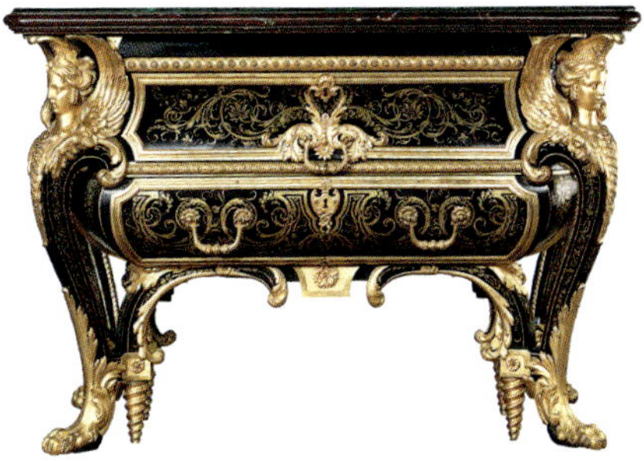

27 CABINET D'ANGLE
Du médaillier de Gaudreaux au bureau d'Œben

Aménagé à l'emplacement du cabinet des Tableaux de Louis XIV*, le cabinet de travail de Louis XV* connut deux états successifs, en 1738 et 1755. Dans un premier temps, une arcade ouvrait la pièce au nord, sur le salon Ovale de Louis XIV, encadrée par deux pans coupés où se trouvaient la cheminée de marbre griotte et le somptueux médaillier en forme de commode d'Antoine Gaudreaux. Ce meuble avait été réalisé sur les dessins des sculpteurs Sébastien et Michel-Ange Slodtz, dessinateurs du cabinet du Roi, à qui l'on doit aussi l'exécution des bronzes ; afin de souligner sa destination, la face du meuble porte des chutes de médailles antiques et modernes. Après la transformation du salon Ovale en arrière-cabinet, la cheminée fut installée en lieu et place de l'ancienne porte, et le meuble de Gaudreaux déplacé sur le mur ouest. Les cadres de glace de l'ancien décor furent conservés, les boiseries furent complétées, et l'on commanda à Joubert deux médailliers en encoignure, inspirés du premier meuble, mais d'une plus grande sobriété de lignes et de décor (les trois ne quittèrent la pièce qu'en 1780). En 1759, Joubert fournit un bureau de laque rouge (New York, Metropolitan Museum), mais, dès l'année suivante, commande était passée à Jean-François Œben d'un grand bureau à cylindre, qu'il laissa inachevé à sa mort en 1763 et que son associé Jean-Henri Riesener* acheva, signa et livra en 1769 ; le meuble coûta la somme considérable de 62 000 livres (dont une part importante pour la pendule à double face). Sur le médaillier de Gaudreaux est placé le candélabre dit « de l'Indépendance américaine », illustrant le plus brillant succès de la politique étrangère de Louis XVI* ; œuvre du bronzier Thomire en 1783, il évoque, dans les figures qui composent ses différents niveaux, la victoire remportée par la France et ses alliés *insurgents* à Yorktown (il était autrefois sommé d'une figure d'Indien, aujourd'hui disparue) ; deux vases à l'antique de la même époque, en porcelaine* de Sèvres montés en bronze l'encadrent. AP

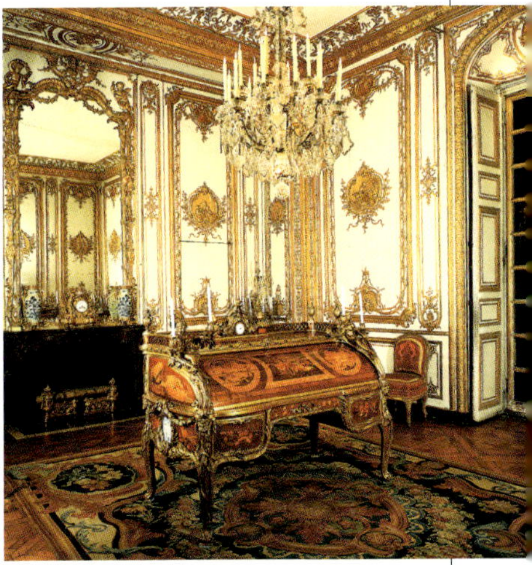

22 Cabinet de la Garde-Robe du roi

Construite en 1738 à la demande de Louis XV* et agrandie en 1755, cette petite pièce, ouvrant par une porte sous tenture sur l'alcôve de la nouvelle chambre* du roi, dans son appartement* intérieur, comprend aujourd'hui l'ultime décor réalisé au château pour Louis XVI* avant la Révolution*.

En 1788, les Bâtiments dotèrent en effet ce cabinet de retraite, où le souverain avait l'habitude de se poudrer et de faire sa toilette après la chasse, d'un nouveau plancher, d'une nouvelle cheminée de griotte d'Italie et surtout d'un exceptionnel ensemble de boiseries blanc et or sculptées par les frères Rousseau*. D'une finesse et d'une précision comparables au travail du bronze ciselé et doré, l'élégant décor néoclassique* de lambris rend hommage au roi en soulignant l'étendue de son action et la diversité de ses attraits. Les sciences y sont ainsi symbolisées par la sphère, la longue-vue, la machine pneumatique ou la montgolfière ; les arts, par le *Torse* du Belvédère, un chapiteau ionique et une lyre ; la marine, par une proue de navire armée de canons et un gouvernail ; la guerre, par une cuirasse, des armes et le laurier de la victoire ; le commerce, par la balance et les bourses emplies d'écus ; et l'agriculture, par l'araire et les gerbes de blé.

Afin de restituer à ce cabinet l'atmosphère qui fut la sienne à partir de 1788, certains des meubles qui l'ornaient ont été remis en place. Les quatre chaises de Nicolas Quinibert Foliot appartenant au « mobilier des Dieux » furent retirées du cabinet de la reine au château de Choisy.

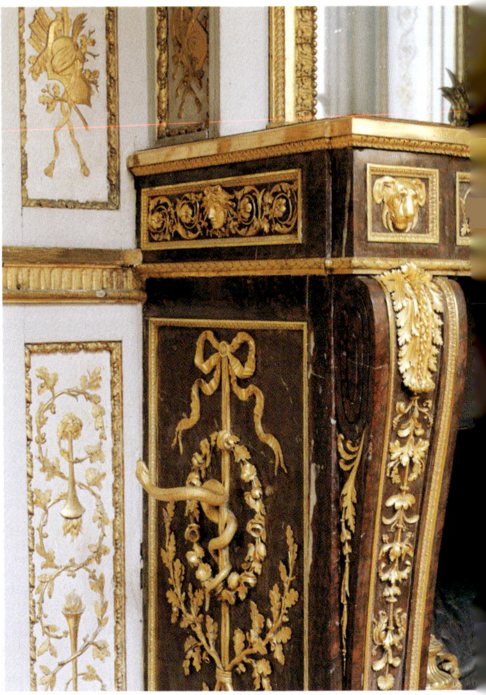

Cheminée du cabinet de la Garde-Robe de Louis XVI.

La commode en bas d'armoire attribuée à Adam Weisweiler, commandée au marchand-mercier Daguerre en novembre 1788, est plaquée de racine d'acajou et ornée sur ses portes de bas-reliefs de bronze ciselé et doré figurant *La Confidence* et *L'Amour comédien*, d'après des modèles créés par Boizot pour la manufacture de Sèvres. Il fut nécessaire d'en couper les pieds peu après sa livraison pour que son marbre s'inscrive sous la cimaise du lambris. La paire de bras de lumière à deux branches, dont la gaine en forme de caducée est sommée d'un aigle doré au mat, est aussi du modèle de ceux que livra Daguerre pour le lieu en novembre 1788. XS

11 Chambre de la Reine

Depuis 1950, on s'est employé à redonner à la chambre de la Reine l'aspect qu'elle avait lorsque Marie-Antoinette* y vivait. Elle est aujourd'hui restituée telle qu'elle fut de 1787 jusqu'au 6 octobre 789, journée au cours de laquelle la souveraine quitta la pièce pour n'y plus revenir. La foule des émeutiers parisiens avait alors forcé l'entrée de son appartement, et la reine avait dû s'enfuir par la petite porte sous alcôve située à gauche du lit pour rejoindre l'appartement du roi.

Après la Seconde Guerre mondiale, la cheminée de griotte ornée de bronzes par Forestier, livrée en 1786, regagna la pièce. Il en fut de même des boiseries et trumeaux de glace des murs latéraux. L'ensemble avait été déposé en 1834 sur ordre de Louis-Philippe* à l'occasion de l'aménagement du musée de l'Histoire de France. Le gros de Tours à fond blanc broché et brodé de bouquets de fleurs et de plumes de paon, livré par Desfarges en 1787 pour le « meuble d'été » de la reine, fut retissé à Lyon d'après le modèle original (voir Restauration). Il couvre les murs de l'alcôve, les deux fauteuils de Tilliard ayant appartenu à Louis XVI*, le canapé de Foliot livré en 1771 pour la chambre de la comtesse de Provence à Versailles, et les huit pliants dont quatre proviennent de la chambre de la comtesse d'Artois, toujours au palais. Il constitue aussi l'ornement essentiel du lit « à la duchesse », entièrement reconstitué d'après les documents d'archives. Seule la courtepointe avait été conservée.

Dans l'alcôve a été replacé l'extraordinaire serre*-bijoux de la reine. La balustrade isolant l'alcôve du reste de la pièce, entièrement reconstituée, restitue le modèle choisi par Marie Leszczynska*. Marie-Antoinette, en effet, sans doute par mesure d'économie, avait conservé certains des aménagements créés pour celles qui l'avaient précédée en ce lieu. Ainsi subsistent les lambris de style rocaille* des entrefenêtres sculptés en 1730 par Dugoullon, Le Goupil et le jeune Verberckt* d'après les dessins de Robert de Cotte, et ceux que Verberckt réalisa en 1735 pour les parois latérales. Les dessus-de-porte peints en 1734 par Charles Natoire (*La Jeunesse et la Vertu présentant Mesdames Élisabeth et Henriette à la France*) et Jean-François de Troy (*La Gloire s'empare des enfants de France*), comme les camaïeux dont François Boucher orna le plafond en 1735 (*La Charité*, *L'Abondance*, *La Fidélité* et *La Prudence*), avaient eux aussi été commandés pour l'épouse de Louis XV*.

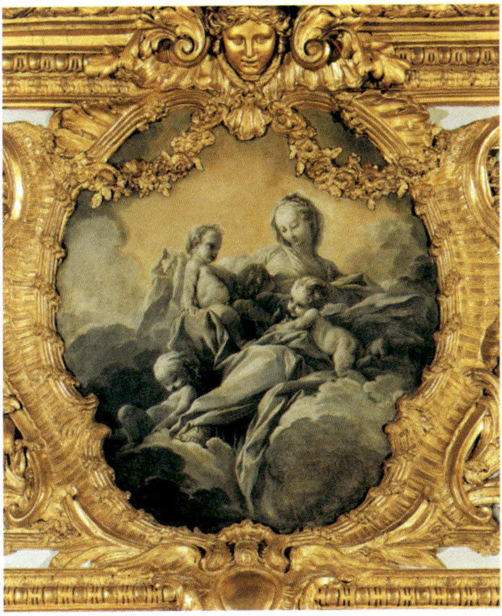

François Boucher, *La Charité*, 1735. Cartouche peint en grisaille. Plafond de la chambre de la Reine.

De l'état que connut Marie-Thérèse*, la reine de France pour qui la pièce fut aménagée peu après 1670, seuls subsistent quelques éléments sculptés du plafond.

Point d'orgue du Grand* Appartement de la reine, la chambre s'impose encore aujourd'hui parmi les plus beaux ensembles décoratifs de Versailles. XS

Page suivante : Chambre de la Reine.

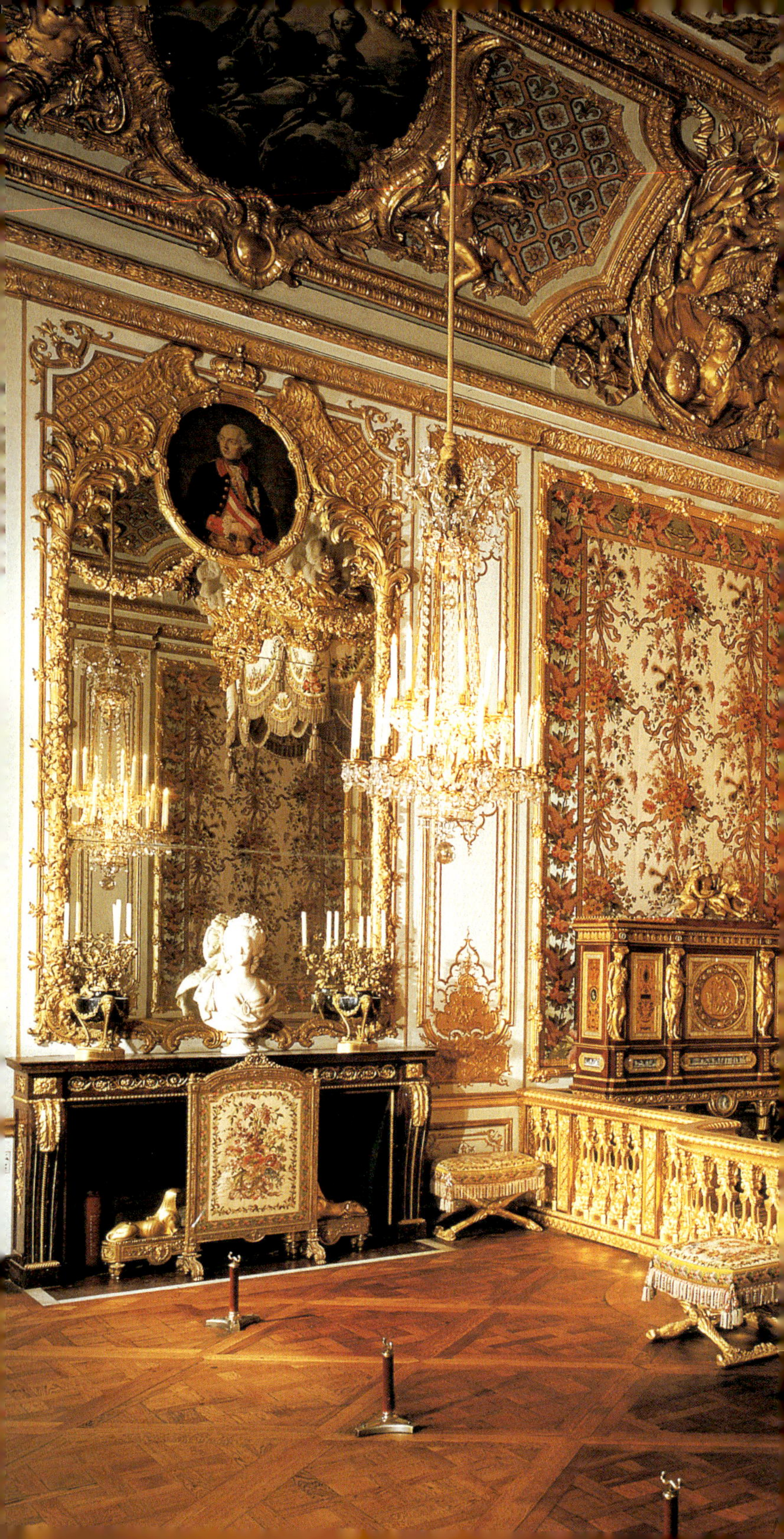

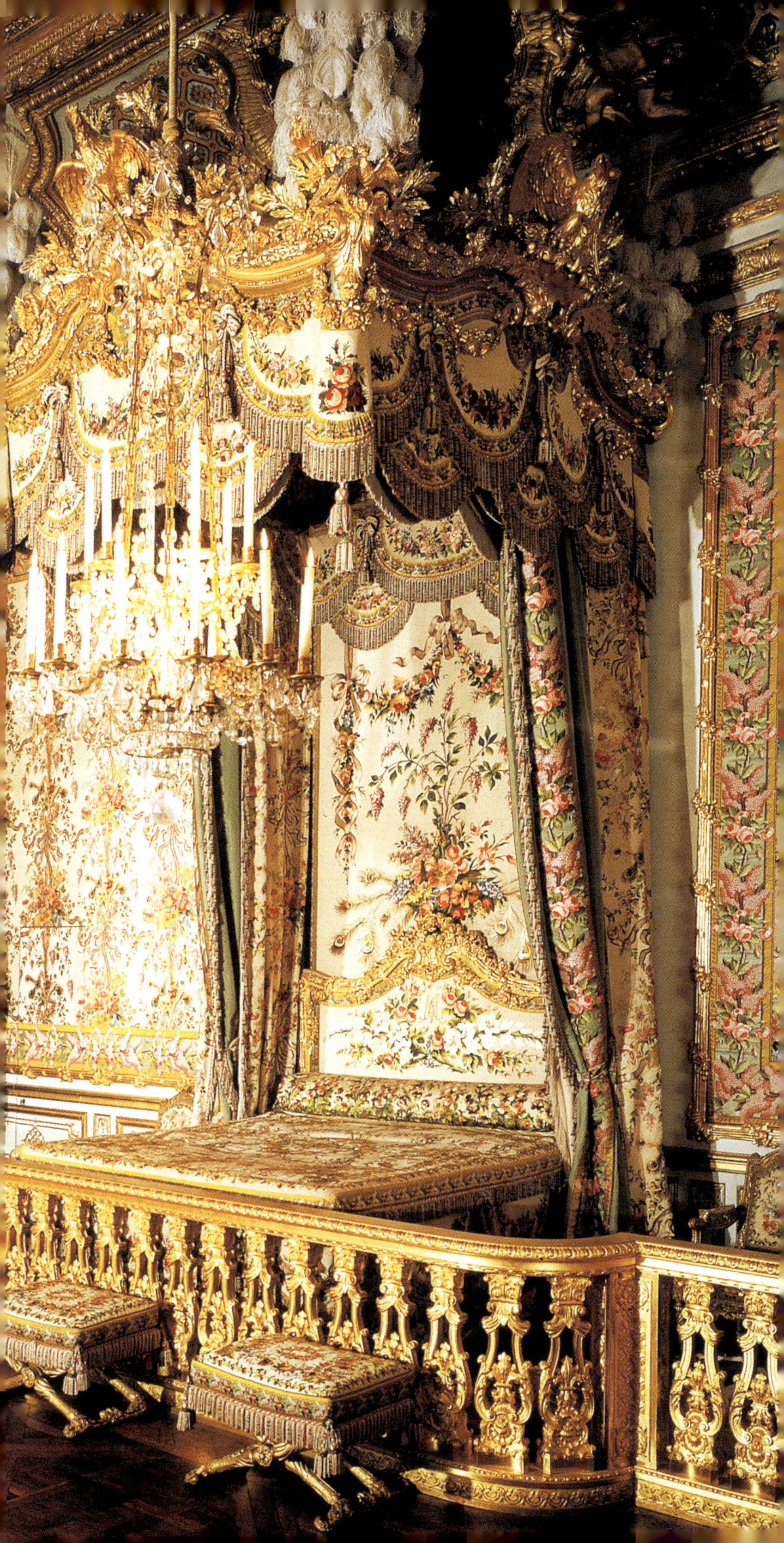

20 CHAMBRE DU ROI

Les souverains ont toujours eu à Versailles deux chambres : la chambre à coucher proprement dite et la chambre de parade, où avaient lieu de nombreuses cérémonies publiques, les réceptions ordinaires de grandes personnalités ainsi que les rituels du lever et du coucher du roi (voir Journée du roi).

Louis XIV* installa d'abord la première dans une salle située à l'emplacement de la galerie* des Glaces, le cabinet de Saturne, qui disparut très vite ; elle fut ensuite transférée dans l'une des deux pièces qui, réunies en 1701, devaient former le salon de l'Œil*-de-Bœuf.

La chambre de parade occupa dans un premier temps le salon de Mercure*, dans le Grand* Appartement. Dans cette pièce luxueuse, au plafond décoré par Jean-Baptiste de Champaigne et aux murs garnis d'une tenture de brocart à fond d'or et d'argent, Louis XIV avait disposé, sur la balustrade séparant le lit du reste de la pièce, de magnifiques chandeliers d'argent ornés des travaux d'Hercule.

En 1701, cette chambre fut transférée à son emplacement actuel, dans l'axe central du château. L'installation du lit et de l'alcôve, au-dessus de laquelle Nicolas Coustou sculpta *La France veillant sur le sommeil du roi*, entraîna la condamnation des portes de communication avec la galerie des Glaces. Particulièrement somptueux étaient les meubles (c'est-à-dire les garnitures des sièges et du lit, ainsi que les tentures) d'été (brocart d'or et d'argent sur fond de damas cramoisi) et d'hiver (velours cramoisi brodé d'or). Des tableaux complétaient le décor, en particulier des œuvres de Valentin installées à l'attique, et, l'hiver, deux toiles importantes, *Saint Jean à Patmos* alors attribué à Raphaël et *Le Roi David jouant de la harpe* du Dominiquin (toutes deux à Versailles). C'est dans cette pièce au luxe inouï que Louis XIV devait mourir.

Cette dernière chambre de parade fut conservée par Louis XV* puis par Louis XVI* pour les rites immuables des levers et des couchers ; ils ne devaient guère modifier l'aménagement que dans les détails : Louis XV fit installer deux cheminées en 1761 et Louis XVI fit changer le meuble en 1785. En revanche, Louis XV aménagea une nouvelle chambre à coucher en 1738 (voir Appartement intérieur du roi), à proximité du cabinet du Conseil*, à l'emplacement de la salle de Billard de Louis XIV. Celle-ci n'était pas moins riche, tout en étant beaucoup plus confortable. TB

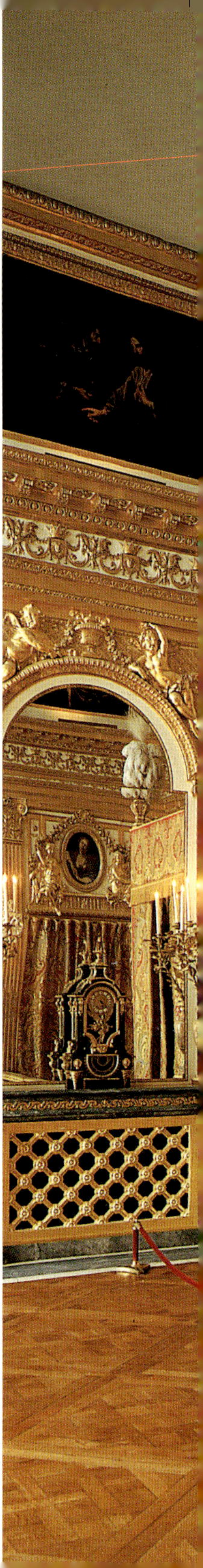

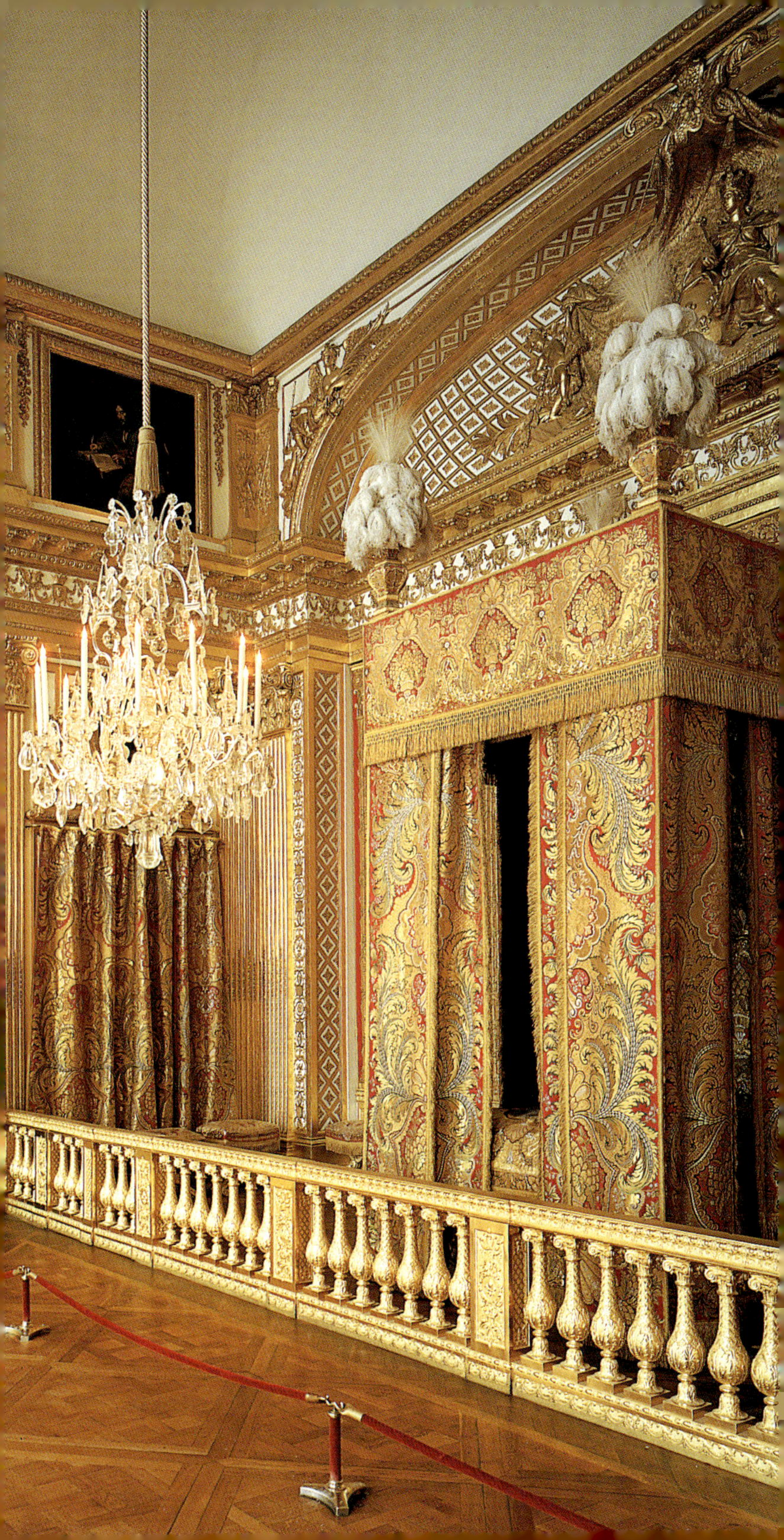

CHANTIER
Le prix du gigantisme

Le chantier de Versailles a été plus ou moins continu tout au long du règne de Louis XIV*, tant en ce qui concerne les bâtiments, depuis la grotte de Téthys jusqu'à la chapelle*, que les jardins. La mise en place par Colbert* d'une véritable comptabilité publique permit d'évaluer approximativement le montant des dépenses réalisées. Il convient de constater que les périodes d'activité correspondent aux moments de paix, comme si les dépenses oscillaient entre les guerres et les travaux effectués au château ; ainsi, aux traités d'Aix-la-Chapelle en 1668 ou de Nimègue en 1678, à la trêve de Ratisbonne en 1684, correspondent de nettes augmentations des dépenses vers 1670, vers 1680 et surtout vers 1685. Les militaires participèrent d'ailleurs activement au chantier quand ils n'étaient pas en campagne, en effectuant de nombreux travaux de terrassement – ainsi le creusement de la pièce d'eau des Suisses (d'où son nom). Après 1690, Versailles fit l'objet de dépenses comparables à celles des autres maisons royales comme Marly, sauf entre 1700 et 1710, au moment de la construction de la chapelle.
Les aménagements des jardins et des bosquets avec l'acheminement de l'eau pour les fontaines ou les pièces d'eau et les travaux de terrassement impliquèrent davantage de dépenses que les édifices eux-mêmes avec leur construction*, leurs agrandissements et leurs transformations incessantes.
On peut estimer que Versailles a coûté environ 80 millions de livres – dont près de 9 millions rien que pour les travaux pharaoniques de l'adduction des eaux de l'Eure. Ce chiffre, qu'il serait bien hasardeux de convertir en francs actuels, fût-ce à titre de comparaison, correspond à peu près à l'ensemble des dépenses publiques du royaume au début des années 1670. TB

Nicolas Lancret, *La Remise de l'ordre du Saint-Esprit, le 3 juin 1724* (détail). Paris, Louvre.

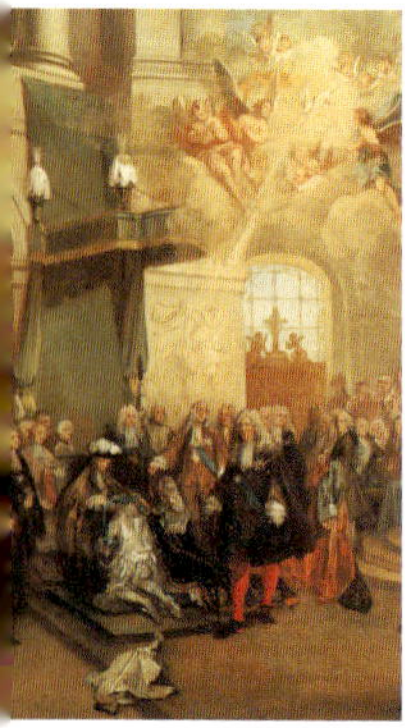

98 Chapelle royale

La chapelle de Versailles constitue sans conteste le premier grand ouvrage du XVIIIe siècle. Après trois chapelles provisoires, celle-ci fut commencée par Hardouin-Mansart en 1689, achevée après sa mort par son beau-frère Robert de Cotte et consacrée le 5 juin 1710. Par bien des aspects, le haut vaisseau lumineux construit en pierre de Créteil s'inscrit dans la tradition des chapelles palatines françaises. Le roi et sa famille assistaient aux offices depuis la tribune située à l'étage, face au maître-autel, les grands dignitaires de la Cour* prenaient place dans les tribunes latérales, tandis que le reste des fidèles se répartissait au rez-de-chaussée.
Par son décor, la chapelle royale témoigne des transformations qui affectèrent l'art dans les premières années du nouveau siècle et s'affirme comme l'un des plus beaux exemples du style « rajeuni » louis-quatorzien. Le programme iconographique associant l'Ancien et le Nouveau Testament est essentiellement sculpté et résulte d'une étroite collaboration entre de nombreux artistes. Pour l'essentiel, les sculpteurs (Nicolas et Guillaume Coustou, René Frémin, Jean de Lapierre, Pierre Lepautre, Jean-Louis Lemoyne, Robert Le Lorrain, Laurent Magnier, Claude Poirier, Jean Thierry, Antoine Vassé, Corneille Van Cleve, pour ne citer que les principaux) appartiennent à une génération qui travailla à la fois pour les derniers chantiers de Louis XIV* et pour les premiers chantiers de Louis XV*.

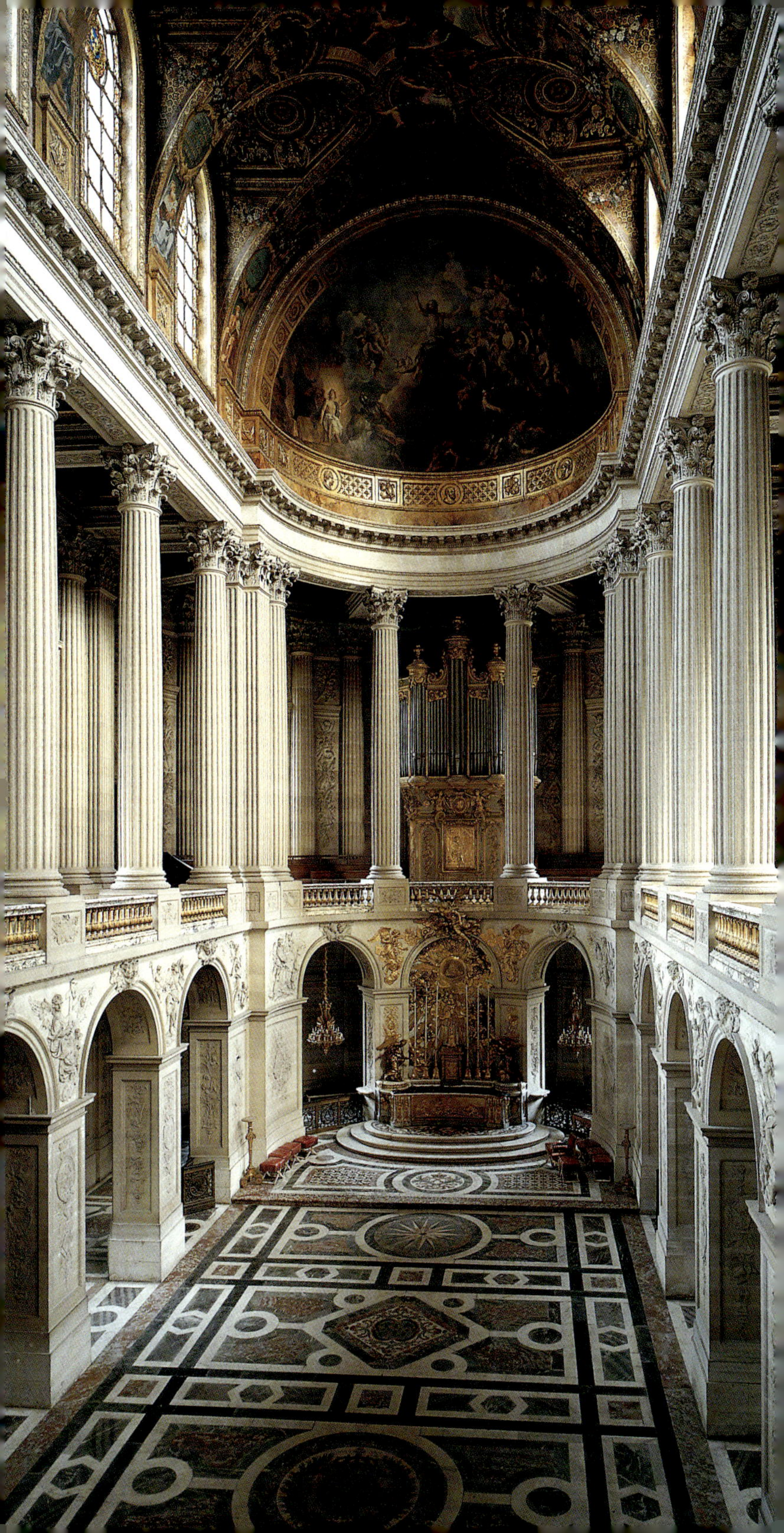

Page précédente : Chapelle royale, vue intérieure, 1689-1710.

Chambre de la Reine, détail des boiseries.

La grammaire ornementale n'est plus celle des Grands* Appartements. Les motifs de rosaces, de rinceaux et de coquilles tapissant les voûtes des bas-côtés annoncent ainsi les lambris sculptés dans le style rocaille* pour l'appartement* du roi à partir de 1738. La sculpture gagne en liberté et en souplesse. Par la finesse de son exécution, elle prend corps avec l'architecture*. Sur la voûte, l'effet d'illusion est complet. Au centre de la nef, Antoine Coypel a peint *Le Père éternel dans sa gloire apportant au monde la promesse du rachat.* Il est environné d'anges portant les instruments de la Passion. Toutes les figures se détachent sur le ciel dans une perspective *di sotto in sù.* Sur la calotte de l'abside, la *Résurrection du Christ* est l'œuvre de Charles de La Fosse. Au-dessus de la tribune royale, la *Descente du Saint-Esprit sur la Vierge et les apôtres* fut peinte par Jean-Baptiste Jouvenet. En concédant les surfaces les plus visibles de la voûte à Coypel et à La Fosse, avant tout partisans de la couleur plus que du dessin, sans doute souhaitait-on affirmer que l'on faisait œuvre nouvelle. XS

CLASSICISME ET ROCAILLE
Un style royal en évolution

À Versailles, les bâtiments comme les jardins ont été en perpétuelle évolution ; les styles s'y juxtaposent en un enrichissement exceptionnel. À l'intérieur du château, le style rocaille (parce qu'inspiré notamment des formes de coquillages) qui se développe sous Louis XV* le dispute aux ornements classiques louis-quatorziens, notamment dans l'appartement* intérieur du roi. Toutefois, les ateliers Dugoullon, Le Goupil et Verberckt* ont effectué ces modernisations des décors anciens avec beaucoup de subtilité, et les deux styles peuvent se mêler volontiers sans heurts dans une même pièce, comme dans les salles du Grand Conseil ou de la Vaisselle* d'or.

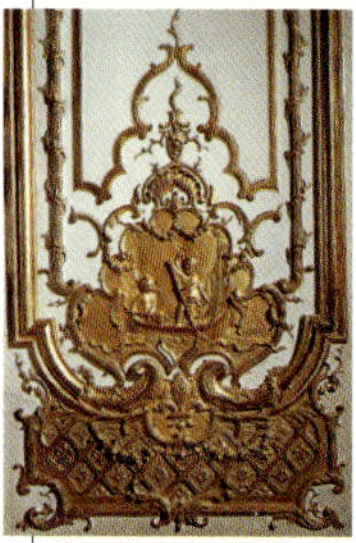

Si les boiseries Louis XIV* se caractérisent par des ornementations dont les formes géométriques simples, ligne droite ou cercle, se répondent en une majestueuse symétrie, les ornements Louis XV privilégient l'ellipse, la courbe et la contre-courbe qui confèrent aux dessins dynamisme et finesse. De ce goût – contre lequel réagira le néoclassicisme* – témoignent de façon exemplaire l'appartement* intérieur de Louis XV et les transformations que le roi ordonna au rez-de-chaussée du corps central pour loger le Dauphin et la Dauphine, ainsi que ses filles, Mesdames Adélaïde et Victoire. Ici règnent les tons clairs, la légèreté des arabesques et les fines boiseries relevées de vernis Martin. Le rococo français n'a rien d'exubérant. TB

Colbert (Jean-Baptiste)

La réussite de Jean-Baptiste Colbert (1619-1683) parachevait l'ascension sociale d'une famille de marchands et de banquiers. D'abord attaché au département de la Guerre, il devint conseiller d'État en 1645 et homme de confiance de Mazarin. Recommandé par ce dernier à Louis XIV*, il entra au service du roi dès 1661 et mit tout en œuvre pour se débarrasser de Fouquet. Après la disgrâce du surintendant, il ne tarda pas à cumuler la plupart des charges du gouvernement, à l'exception de la guerre : l'équivalent contemporain des ministères du Budget, des Finances et de l'Économie, de l'Équipement, du Commerce et de l'Industrie, de la Culture, de la Marine, des Colonies ! Il s'attacha à rehausser la grandeur du souverain dans une propagande souvent bien comprise dont Versailles était le symbole. Ayant perçu la dimension politique d'une brillante vie culturelle, il développa des institutions comme les Gobelins, l'Imprimerie royale (il fut à l'origine du dépôt légal), l'Académie des inscriptions, l'Académie de peinture et de sculpture, l'Académie des sciences… Grand travailleur, il jeta les bases de l'État moderne centralisé en faisant siennes les idées de Richelieu ; il mit en place des représentations administratives de l'État dans les provinces, élabora une comptabilité publique, réorganisa la justice, le commerce, la marine, etc. TB

Collections royales

Sous le règne de Louis XIV*, grand amateur d'art, une partie des collections royales ornait les appartements du roi, mais de nombreuses peintures ainsi que les prestigieux ensembles d'objets de pierre dure et de petits bronzes (dont une partie se trouve encore aujourd'hui dans les collections nationales) étaient regroupés dans une suite de salons qui leur étaient exclusivement consacrés, dans l'aile nord de la cour* de Marbre. Le cabinet des Curiosités ouvrait sur le salon de l'Abondance*, dont le plafond évoquait les richesses que le visiteur allait trouver dans les pièces suivantes : le cabinet des Tableaux, le salon Ovale, le cabinet des Coquilles. La Petite Galerie* et ses deux salons, dont la construction fut décidée en 1684, employa les talents de Mignard* et de l'ébéniste Cucci, qui ne put mener à son terme le trop somptueux lambris orné d'écaille et de lapis-lazuli ; le plafond allégorique, revanche de Mignard sur la galerie* des Glaces de Le* Brun, associait les figures de Minerve et d'Apollon à celle du jeune duc de Bourgogne, parmi tout un peuple de divinités.
Le goût du roi semble s'être assagi à la fin de son règne, s'orientant vers les médailles et les livres au détriment des objets de curiosité. Les chefs-d'œuvre des collections royales de peinture étaient présentés en alternance dans ces pièces où l'on avait soin de renouveler souvent l'accrochage. Cet ensemble de salons disparut au cours du XVIIIe siècle, les successeurs de Louis XIV ne manifestant pas le même attachement que lui aux collections d'une infinie variété et d'une égale somptuosité qu'elles abritaient. AP

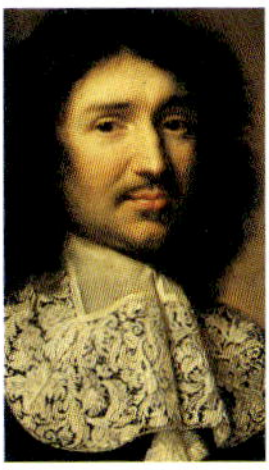

Claude Le Febvre, *Portrait de Jean-Baptiste Colbert* (détail), 1666. Salles du XVIIe siècle.

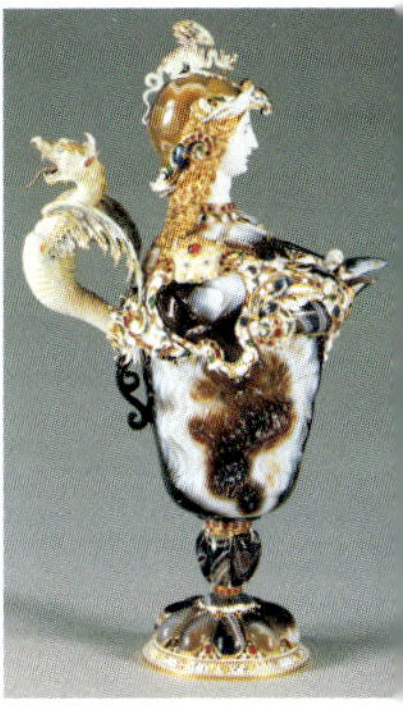

Aiguière, XVIIe siècle. Collection de Louis XIV. Paris, Louvre.

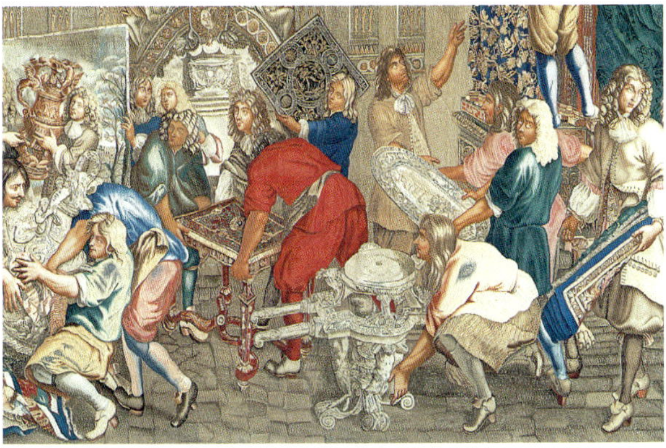

Charles Le Brun et Pierre de Sève le jeune (d'après), Tenture de l'*Histoire du roi : la visite du roi aux Gobelins le 15 octobre 1667* (détail). Musée national du château de Versailles.

21 Conseil (Cabinet du)

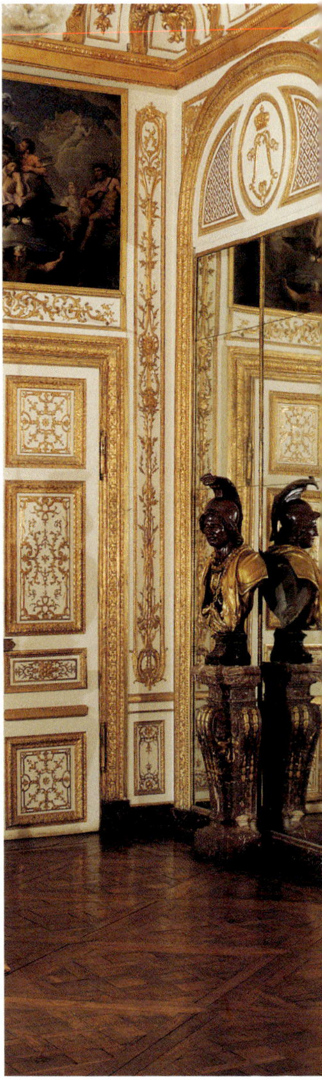

Située entre la chambre de Louis XIV* et celle de LouisXV*, cette salle résulte de la réunion de deux pièces : le cabinet du Roi et le cabinet des Termes. Le premier, aux murs ornés de glaces et abritant plusieurs curiosités des collections* royales ainsi que des tableaux de Poussin et de Lanfranco, servait sous Louis XIV aux réunions des Conseils (des finances les mardis et samedis, d'État les mercredis, dimanches, et parfois les lundis), aux audiences et aux prestations de serment, mais aussi de salon de repos pour le roi qui y avait installé un clavecin. Il était flanqué du cabinet des Perruques, dit aussi cabinet des Termes en raison de sa décoration, également dominée par les miroirs, où le roi se retrouvait le soir dans l'intimité de sa famille ou d'un petit cercle très choisi.

En 1738, Louis XV y installa le buste antique de porphyre restauré par Girardon représentant *Alexandre le Grand* et celui en bronze de *Scipion l'Africain*. Après quelques travaux effectués en 1748, Louis XV réunit ces deux pièces en 1755. Sur des dessins de Jacques Ange Gabriel, Jules Antoine Rousseau* réalisa les somptueuses boiseries dont les motifs du décor, trophées de paix et de guerre, attributs de l'armée, de la marine et de la justice, ainsi qu'insignes de la monarchie*, rappellent la destination de la pièce ; toutefois, les portes Louis XIV furent conservées. Une nouvelle cheminée ornée de bronzes dorés fut commandée. Louis XVI* n'apporta pas de changements mais installa des porcelaines* de Sèvres. Les tableaux actuels proviennent de Trianon et furent installés en dessus-de-porte sous Louis-Philippe*. Ni Louis XV ni Louis XVI ne changèrent l'affectation de ce cabinet : lieu de travail du roi et de ses ministres, c'est ici que furent prises certaines décisions importantes, comme le renversement des alliances européennes en 1756 ou, en 1775, la participation à la guerre d'Indépendance des États-Unis. TB

Le Roi donne la charge de Contrôleur général des Finances à M. de Chamillard, le 3 septembre 1699 (détail). Gravure extraite de l'almanach royal de 1700.

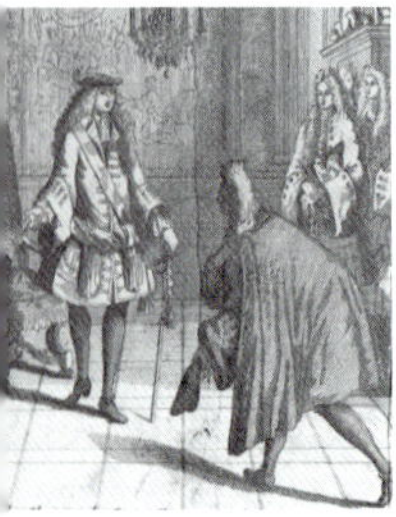

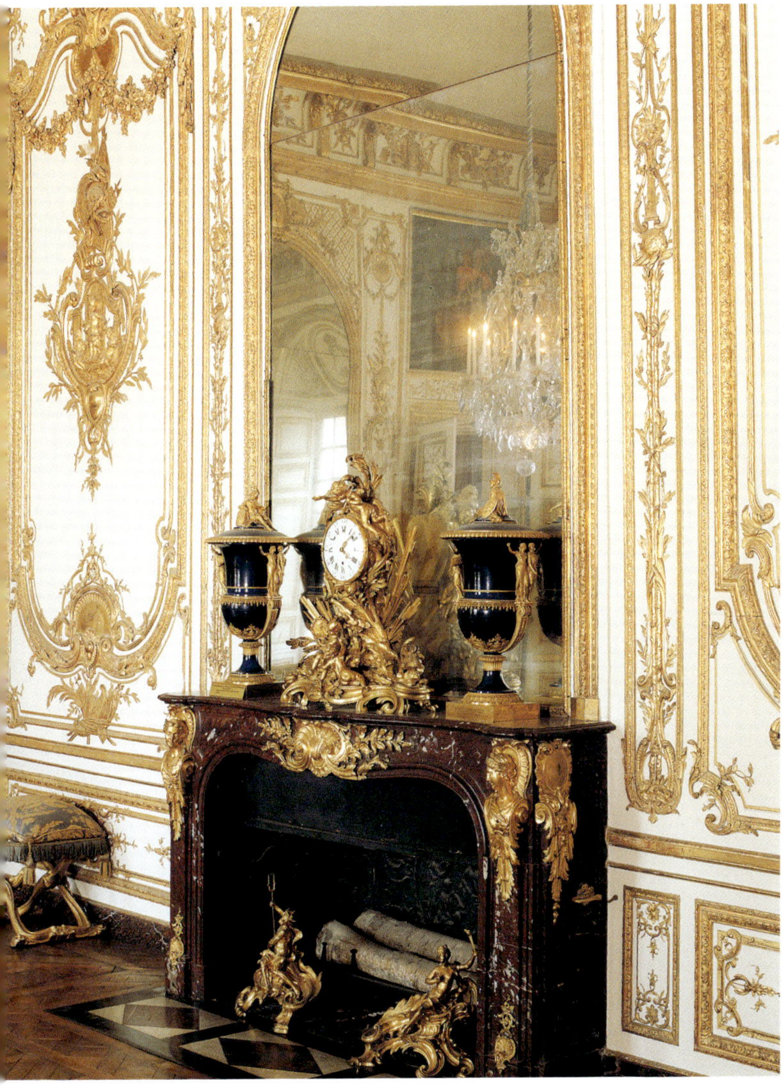

Cabinet du Conseil.

Construction (Les étapes de la)

En 1624, Louis XIII* fit construire un petit pavillon de chasse sur le domaine* deVersailles. Dès 1631, cette bâtisse fut agrandie par Philibert Le Roy. Entourée de fossés, elle se caractérisait par une architecture* traditionnelle en brique et pierre avec un toit pentu en ardoise.

Dès le début de son règne personnel, en 1661, Louis XIV* entreprit des transformations : rénovations des appartements et travaux dans les communs ; en 1663, construction de la Ménagerie et de l'Orangerie, puis, en 1665, réalisation de la grotte de Téthys. Le célèbre tableau de Patel (Versailles) montre le domaine tel qu'il se présentait en 1668. À cette date, le roi décida

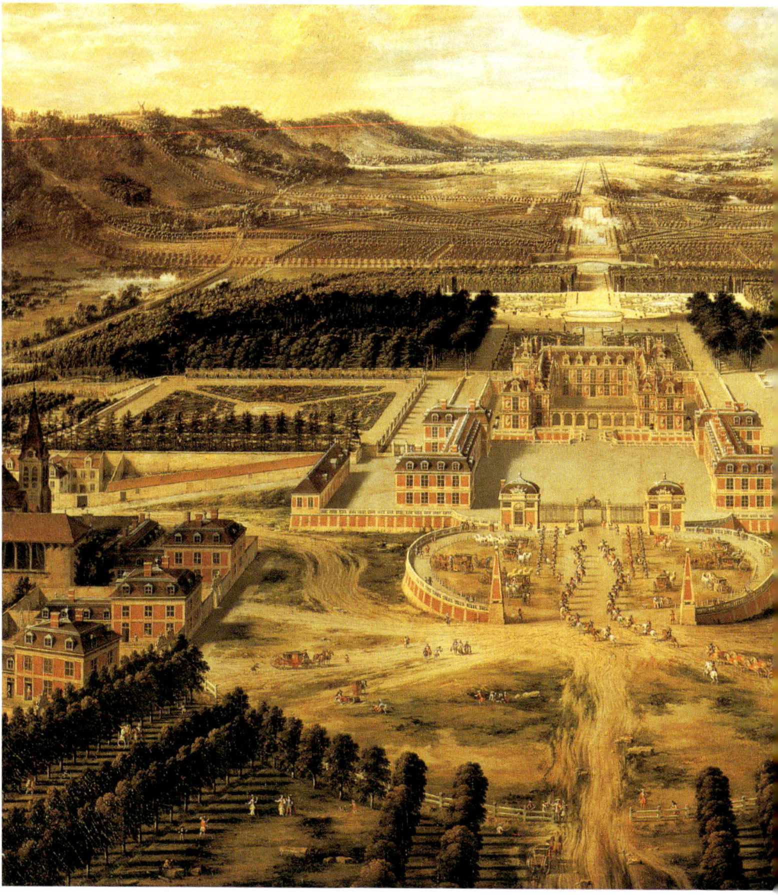

Pierre Patel,
Vue du château de Versailles et de ses jardins,
1668.
H/t
115 × 161 cm.
Salles du XVIIe siècle.

d'un agrandissement côté parc et adopta le projet soumis par Le* Vau, sorte de U enchâssant sur trois côtés le pavillon initial ; celui-ci était pratiquement achevé dès 1671. Par le gigantisme, par l'ordonnance architecturale (scansion symétrique de colonnes, toits plats à l'italienne, etc.), par le matériau utilisé (la pierre), le contraste entre les deux édifices ne fut pas sans choquer les contemporains.

En 1678, afin de loger la Cour*, de nouveaux travaux exécutés sur les plans d'Hardouin*-Mansart furent décidés ; parmi les plus spectaculaires figurent la construction de l'aile du Midi, des ailes des Ministres et, en 1679, des deux écuries face au château, ainsi que, en 1685, l'érection de l'aile du Nord pour loger les princes et rétablir la symétrie de l'édifice.

À l'exception notable de la chapelle*, réalisée par Robert de Cotte entre 1699 et 1710, Louis XIV ne devait plus entreprendre de grands travaux d'architecture : le château avait acquis ses dimensions définitives.

Louis XV*, quant à lui, s'attacha à l'architecture du château côté cour : en 1771, Gabriel entama la reconstruction du bâtiment brique et pierre dans un style classique très dépouillé. Mais, faute d'argent, le chantier* fut vite arrêté, accentuant le contraste qu'il devait corriger. La symétrie des deux pavillons

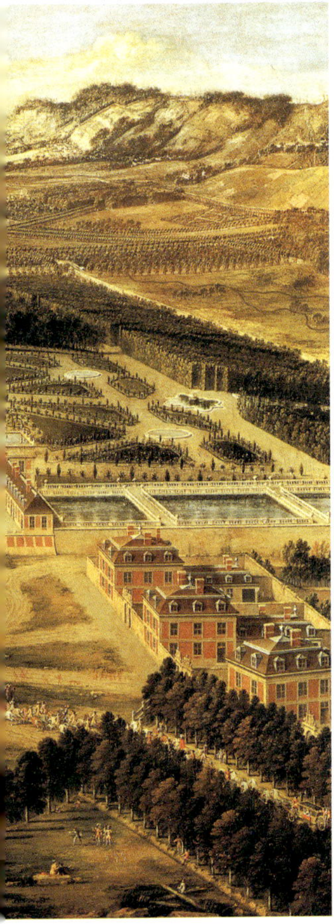

Page suivante : Salon de Diane.

ne fut rétablie qu'en 1820 avec la construction de la colonnade de Dufour. À la suite de Gabriel, de nombreux projets plus ou moins utopiques visant à agrandir ou à moderniser le château, par exemple ceux de Peyre, de Paris, de Boullée, virent le jour, notamment vers 1780. TB

Cour (Étiquette et vie de)

L'étiquette de la Cour, dans la société de l'Ancien Régime, reflète le souci du respect de la bienséance, où chacun a un rang, une place prédéfinie selon sa naissance ou sa fonction.

Le cérémonial aulique fut élaboré sous Henri III, qui rédigea des livrets de protocole et créa la charge de grand maître des cérémonies. Toutefois, Louis XIV* perfectionna les règles régissant la vie des courtisans, d'abord à Saint-Germain puis, surtout après 1682, à Versailles ; celles-ci déterminaient l'emploi du temps du souverain (voir Journée du roi), depuis le lever qui hiérarchisait les entrées des courtisans jusqu'au coucher avec la fameuse cérémonie du bougeoir, ainsi que la place des membres de la famille royale et de la Cour en toutes circonstances.

Les marques de la faveur royale suggèrent que l'étiquette n'était pas un système fixe et rigide, mais un code de conduite que le roi, qui arbitrait les différends perpétuels, pouvait toujours modifier à sa guise ; ce code était d'ailleurs plus souple à Marly. Saint-Simon se fit le chantre du respect des bienséances et relata dans ses *Mémoires* de nombreuses querelles provoquées par des courtisans, et même des membres de la famille royale, qui tentaient de s'arroger certaines prérogatives : le droit d'être assis, sur un tabouret, sur un coussin, d'entrer en carrosse dans la cour du château, de passer devant tel prince ou telle princesse, etc.

Louis XIV considérait l'étiquette comme un aspect essentiel de la vie de Cour et le signe évident de la grandeur d'un

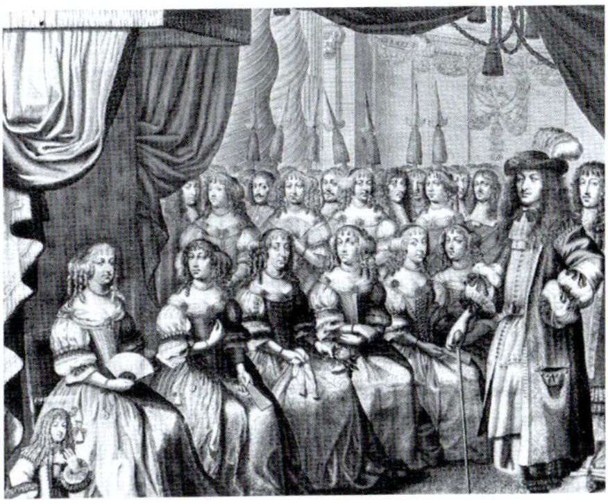

Louis XIV au milieu des dames de la Cour (détail). Gravure extraite de l'almanach royal de 1667.

monarque (voir Monarchie) ; il légitimait ce code de conduite comme une façon d'imposer le respect au peuple – et aux visiteurs* étrangers. TB

Cours

La cour d'Honneur (ou cour des Ministres) est bordée par les deux ailes construites par Hardouin*-Mansart ; elle était fermée à l'ouest par une grille située à l'emplacement actuel de la statue équestre de Louis XIV* érigée par Louis-Philippe*.
Dans son prolongement, la cour Royale est bordée au sud par la Vieille Aile construite par Le* Vau en 1662, et au nord par l'aile Louis XV construite par Gabriel à partir de 1772. Napoléon et Louis XVIII confièrent à Dufour le remplacement du portique de la Vieille Aile par un pavillon de style classique, en vue de rétablir une symétrie entre les deux côtés de la cour. Seuls les nobles qui avaient droit aux « honneurs du Louvre » étaient autorisés à y pénétrer en carrosse.
La cour de Marbre, plus élevée de quelques marches, correspond au premier état du château construit à partir de 1631 par Philibert Le Roy et complété par Le Vau et Hardouin-Mansart de balustrades, de statues, de plombs. Le balcon central est celui de la chambre* du Roi. De brique et pierre, elle fut un temps enrichie de volières et servit de cadre à certaines fêtes organisées par Louis XIV, comme celle de 1674. CC

Croisades (Salles des).

Voir Louis-Philippe

Dauphin (Appartement du).

Voir Classicisme, Louis XV

4 Diane (Salon de)

Le salon de Diane, l'un des deux vestibules avec le salon de Vénus* que desservait l'escalier des Ambassadeurs*, a aujourd'hui conservé intact son décor pictural ainsi que la marqueterie de marbres de couleurs de Campan et de Rance sur fond de marbre blanc des murs.
À l'origine, le dallage devait également jouer de la couleur des marbres. L'aménagement semble avoir été achevé vers 1679-1680.
Aux alentours de 1685, sur le mur face aux fenêtres, un paysage en trompe-l'œil fut supprimé afin d'installer sur un socle, orné de bronzes dorés de Mazeline et Jouvenet, l'éblouissant buste en marbre de Louis XIV* exécuté par le Bernin en 1665 lors de son séjour parisien.
Ce salon est dédié à Diane : au centre du plafond, Gabriel Blanchard a représenté la déesse présidant à la navigation et à la chasse, tandis qu'aux voussures Claude Audran et Charles de La Fosse ont repris ces thèmes sur le mode historique. Blanchard et La Fosse furent en outre chargés des œuvres des murs, le premier avec *Diane et Endymion* et quatre dessus-de-porte en grisailles, le second avec le magistral *Sacrifice d'Iphigénie* du manteau de la cheminée. L'ornementation est complétée par une série de bustes antiques en marbre.
Louis XIV avait installé dans cette pièce, éclairée de quatre grands lustres, un magnifique billard orné d'un tapis de velours et, aux angles, de quatre chandeliers d'argent. Des estrades munies de banquettes avaient été aménagées afin de permettre à la Cour* de suivre les parties. TB

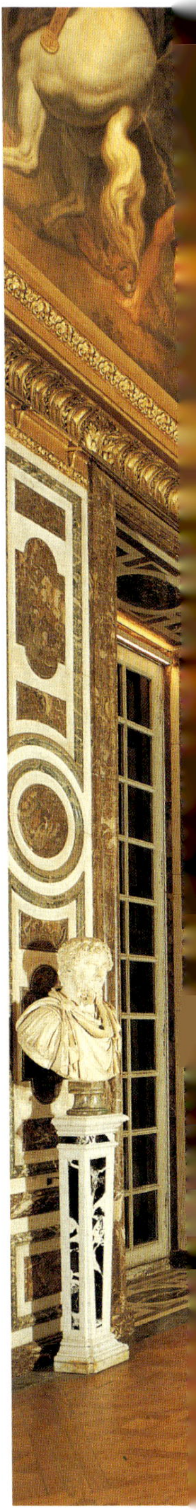

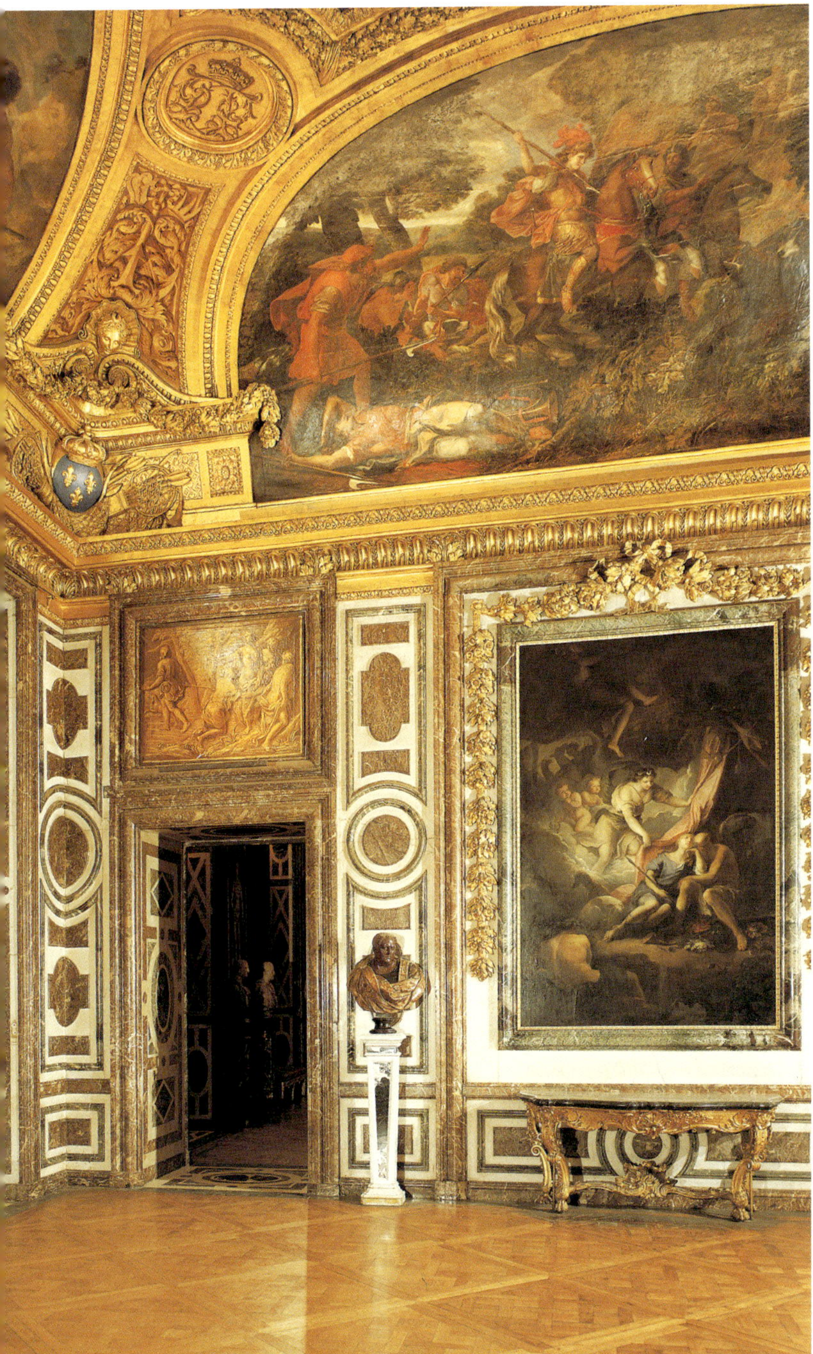

DOMAINE
Un terrain de chasse sans cesse accru

Les quelques arpents de la terre de Versailles, achetée aux Gondi en 1623-1624, ne tardèrent pas à être augmentés, notamment par les 167 arpents (environ 80 hectares) acquis en 1632 par Louis XIII*, devenu le nouveau seigneur des lieux. Dès le début de son règne personnel, Louis XIV* agrandit le domaine, d'abord par l'achat de terres sur les paroisses de Saint-Pierre-de-Choisy et de Notre-Dame-de-Trianon, puis à l'est, vers Clagny. Ces acquisitions permirent aux jardins de s'organiser autour du château, parfois au prix de grands travaux de terrassement et, déjà, d'adduction d'eau (voir Construction). Le domaine s'étendait mais restait modeste : lorsque vers 1665 Van der Meulen représenta *Le Château de Versailles vu depuis les collines de Satory* (Versailles, château), il figura une ferme à proximité de l'Orangerie que venait d'achever Le* Vau.

En 1668, pour construire son petit pavillon de Trianon, le roi acheta d'autres terres incluant jusqu'au hameau lui-même. Puis les extensions des bâtiments allèrent de pair avec celles du domaine et la quête de l'eau pour les fontaines : en 1675, pour 161 000 livres ; en 1679, pour 700 000 livres, etc. Le plus souvent, ces acquisitions étaient accompagnées de travaux, tracés d'allées, plantations, clôture, logements… À la fin du règne, le domaine atteignait près de 13 000 hectares : le roi était pratiquement chez lui depuis Saint-Germain jusqu'à Rambouillet ! C'est bien sûr la chasse qui devait justifier la création de cette étendue immense que ni Louis XV* ni Louis XVI* n'augmentèrent de façon significative. Aujourd'hui, le domaine de Versailles ne s'étend plus que sur 815 hectares. TB

Adam Frans Van der Meulen, *Le Château de Versailles vu depuis les collines de Satory*, v. 1665. H/t 95 × 127 cm. Salles du XVIIe siècle.

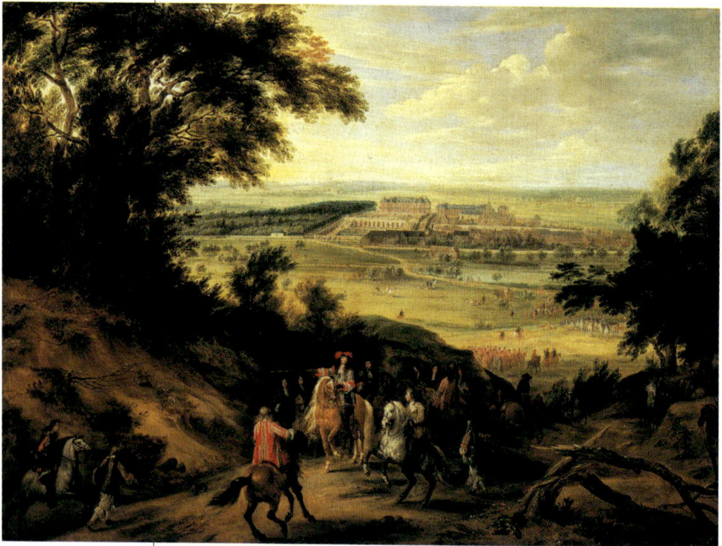

Enfants de France : vie et éducation

Les enfants de France, c'est-à-dire les enfants de la famille royale, recevaient une éducation particulière, visant à les préparer à tenir leur rang. La tâche était jugée si importante que Louis XIV* lui-même rédigea à l'intention de son fils des *Mémoires*, véritables préceptes moraux sur l'art de gouverner.
Jusqu'à l'âge de 7 ans, les enfants étaient placés sous la responsabilité d'une gouvernante, la maréchale de La Mothe pour Monseigneur, fils de Louis XIV, Mme de Ventadour pour le futur Louis XV*, la maréchale de Tallard pour son fils, etc. Au terme de cette période, les garçons « passaient aux hommes » et étaient alors placés sous l'autorité d'un gouverneur, assisté d'un sous-gouverneur, tandis que l'éducation proprement dite revenait au précepteur. Ce poste échoyait le plus souvent à une personnalité éminente : Bossuet se vit ainsi confier l'instruction du Grand Dauphin, pour lequel il publia de nombreux opuscules théoriques ; Fénelon éduqua le duc de Bourgogne, à qui il destina ses *Aventures de Télémaque* ; le cardinal de Fleury dispensa à Louis XV un enseignement particulièrement poussé qui fit de lui l'un des souverains les plus savants d'Europe ; le duc de La Vauguyon fut le précepteur du futur Louis XVI*.
Les matières professées étaient naturellement le français, le latin, l'histoire et la géographie, les mathématiques, complétées par une éducation morale et religieuse destinée à préparer le pupille à son rôle de souverain. Les filles de Louis XV eurent droit en outre à une formation musicale. Les autres enfants recevaient également une éducation très soignée ; pour quatre des nombreuses filles de Louis XV, celle-ci se déroula à l'abbaye de Fontevrault. TB

15 Escalier de la Reine

De tous les escaliers de Versailles, celui de la Reine fut sans conteste le plus fréquenté et le plus connu. Desservant les appartements* du roi et de la reine, ainsi que celui de Mme de Maintenon*, il fut l'un des lieux de passage quotidiens des souverains, et par conséquent un site où les courtisans se pressaient lorsqu'ils souhaitaient être vus et qu'ils avaient quelque requête à exprimer.
Construit entre 1679 et 1681 à l'emplacement d'un premier escalier devenu trop petit, l'escalier de la Reine a conservé son exceptionnel décor de marbres rouges, verts et noirs. Comme dans les grands appartements du midi et du nord, la richesse des couleurs y est encore accentuée par l'usage d'éléments en bronze doré. Le grand ordre de pilastres ioniques en marbre de Dinan se détachant au premier étage sur un fond de marbre blanc veiné de noir est ainsi enrichi de bases et de chapiteaux faits de ce matériau. Il en est de même des bas-reliefs figurant des enfants et des sphinges encadrant des vases, inscrits dans les compartiments au-dessus des portes. Ceux-ci sont l'œuvre des sculpteurs Pierre Le Gros et Benoît Massou, et témoignent par leur iconographie de cette unité stylistique que Le* Brun, premier peintre du roi, souhaita conférer à l'ensemble des décors créés sous son autorité. Massou est aussi l'auteur du groupe de plomb doré qui s'inscrit dans la niche sur le palier. Deux amours ailés y foulent armes et boucliers, et supportent des carquois

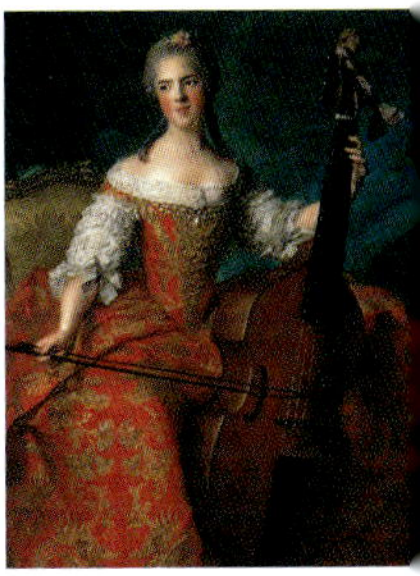

Jean-Marc Nattier, *Madame Henriette jouant de la basse de viole* (détail), 1748-1754. Appartement de Madame Adélaïde.

Pages suivantes : L'escalier de la Reine.

À droite : Gérard Audran (d'après Pierre Mignard), *Plafond de la Petite Galerie de Versailles*. Gravure. Paris, Bibliothèque nationale de France.

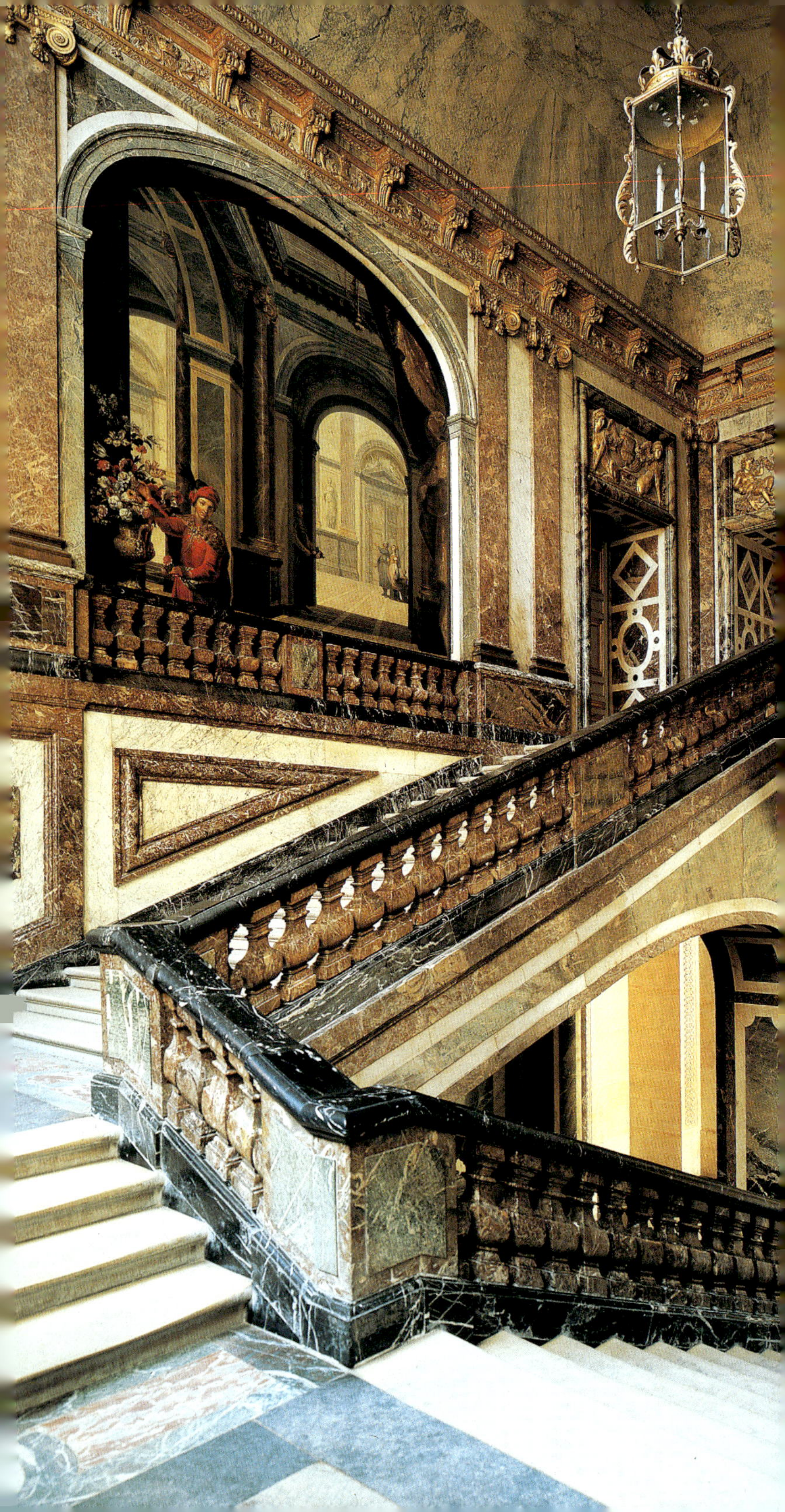

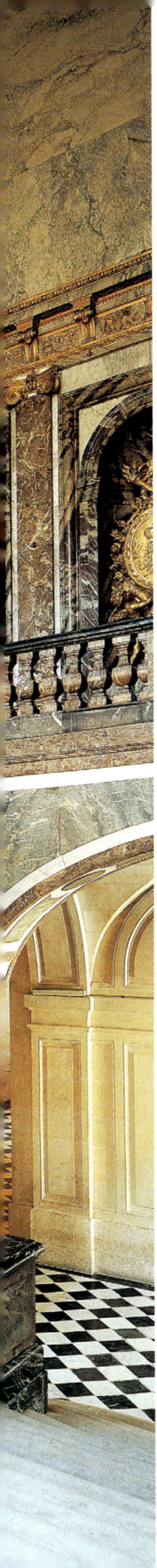

croisés et un lourd écusson qui portait les initiales entrelacées de Louis XIV* et de Marie-Thérèse*. Bûchées à la Révolution*, elles ont été remplacées au XIXe siècle par les deux L inversés du Roi-Soleil. Mais la célébration allégorique du mariage des deux souverains demeure toujours perceptible grâce aux flambeaux de l'hymen et aux colombes sommant le groupe sculpté, tandis que la présence des rameaux d'olivier rappelle combien la paix peut être favorable à la félicité.
Enfin, face à la loggia qui fut créée en 1701 afin de donner plus de luminosité à l'escalier, un grand trompe-l'œil figure des personnages orientaux dans un palais et invite le visiteur à pénétrer dans un espace imaginaire. Il fut exécuté par les peintres Philippe Meusnier (architecture), Charles-François Poerson (personnages) et Jean-Baptiste Blin de Fontenay (fleurs). xs

Galerie (Petite)

Construite en 1684 et détruite entre 1753 et 1769, la Petite Galerie, se trouvait à l'emplacement actuel de la bibliothèque* de Louis XVI* et d'une partie de la salle à manger des porcelaines*, dans l'appartement* intérieur du roi.
La voûte avait été peinte par Pierre Mignard* qui, en obtenant ce prestigieux chantier, prenait en quelque sorte sa revanche sur Le* Brun. Cette voûte, suivant la description donnée par Félibien en 1703, était décorée de marbres de différentes couleurs. Deux bandes richement ornées en partageaient la longueur en trois espaces inégaux et l'artiste avait feint dans le compartiment central une grande ouverture sur le ciel. Minerve et Apollon y apparaissaient en compagnie d'un enfant figurant le génie de la France, vêtu d'un manteau bleu et tenant un lis dans la main (voir Symbolique). La déesse couronnait l'enfant de laurier tandis qu'Apollon distribuait des médailles et des pièces d'or à plusieurs autres enfants ailés, situés plus bas, symbolisant les Arts et les Sciences. Auprès du dieu et de la déesse, on voyait l'Abondance, les Heures du jour, la Prévoyance, le Secret, la Vigilance, Mercure et Pluton. Au-dessus de la corniche s'inscrivaient dans six lunettes la Poésie, la Musique, l'Amour, l'Astrologie, la Géométrie et la Sculpture, incarnés par des enfants. Formant un tout avec la galerie, les deux salons attenants comportaient aussi des plafonds peints par Mignard.
Tapissés de damas bleu, les murs de la Petite Galerie accueillaient les plus beaux tableaux des collections* royales. Incorporée par Louis XV* à son appartement intérieur, la pièce perdit sa vocation d'écrin et accueillit le « théâtre des cabinets » de 1746 à 1748. Elle fut détruite en 1753 lorsqu'on aménagea à son emplacement le nouvel appartement de Madame Adélaïde. xs

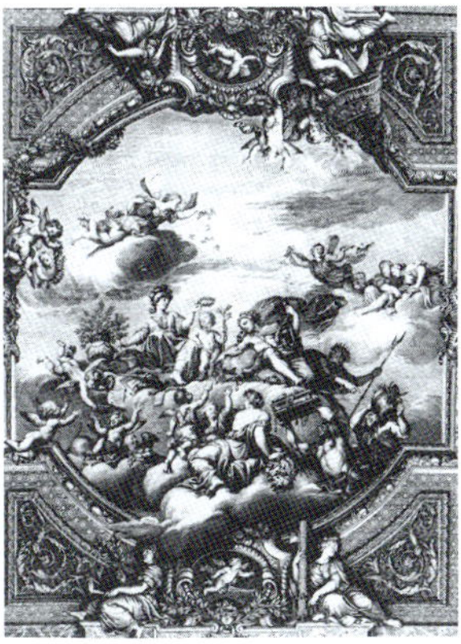

9 GALERIE DES GLACES

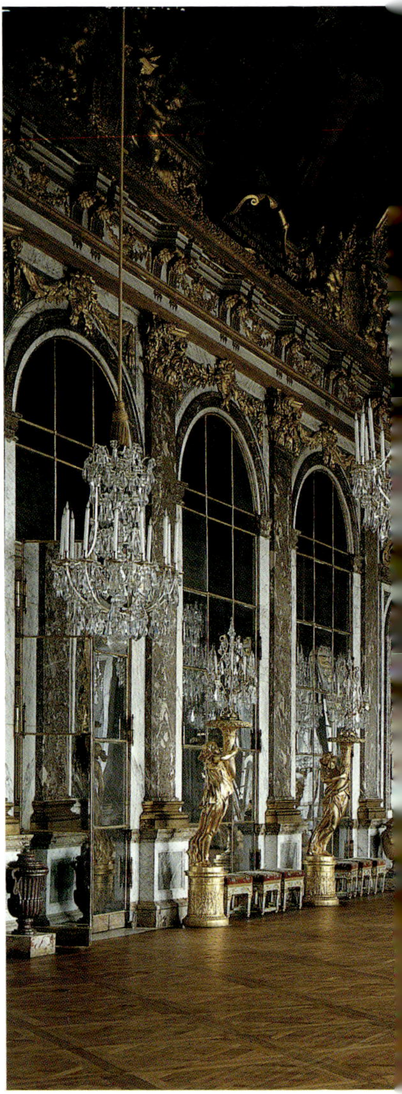

Vers 1678, il fut décidé de remplacer la terrasse de l'« enveloppe » de Le* Vau par une galerie. Sa construction* fut confiée à Jules Hardouin-Mansart, et l'organisation du décor fut logiquement confiée au premier peintre du roi, Charles Le* Brun, qui en dirigea l'exécution. En vue de démontrer la qualité des manufactures françaises, des miroirs de grande taille furent installés face aux fenêtres selon un parti décoratif symétrique constituant une succession monumentale de grandes baies cintrées. Lieu de communication entre les Grands* appartements royaux, cette galerie servit à de fastueuses réceptions, comme les ambassades* extraordinaires, le mariage du Dauphin, fils de Louis XV*...

Contrairement aux habitudes décoratives de l'époque, les peintures furent limitées à la seule voûte. Le Brun pensa d'abord illustrer la geste d'Apollon, puis celle d'Hercule, avant de privilégier les actions de Louis XIV* lui-même ; l'ornementation, menée de 1681 à 1684, relatait ainsi ses grandes réalisations, depuis le début de son règne personnel en 1661 jusqu'au traité de Nimègue en 1678, qui le plaçait en position d'arbitre de l'Europe. De part et d'autre d'un grand compartiment central, les scènes, grandes ou petites, s'articulent en une rigoureuse symétrie. Des inscriptions situées sur la corniche en explicitent le sens. Enfin, deux salons symétriques flanquant la galerie sont dédiés, l'un à la guerre*, l'autre à la paix* : ils complètent le thème de la voûte tout en assurant une transition avec les appartements royaux.

Cette iconographie éminemment politique n'est pas exceptionnelle, surtout dans les résidences royales ; mais le décor de cette Grande Galerie en constitue l'exemple le plus ambitieux. Le parti narratif situe le roi dans un monde intellectuel de personnifications symboliques* qui, tout en évoquant des actions ou des réalisations précises, le placent hors du temps et l'érigent en exemple pour la postérité, à l'instar des dieux et des héros de la

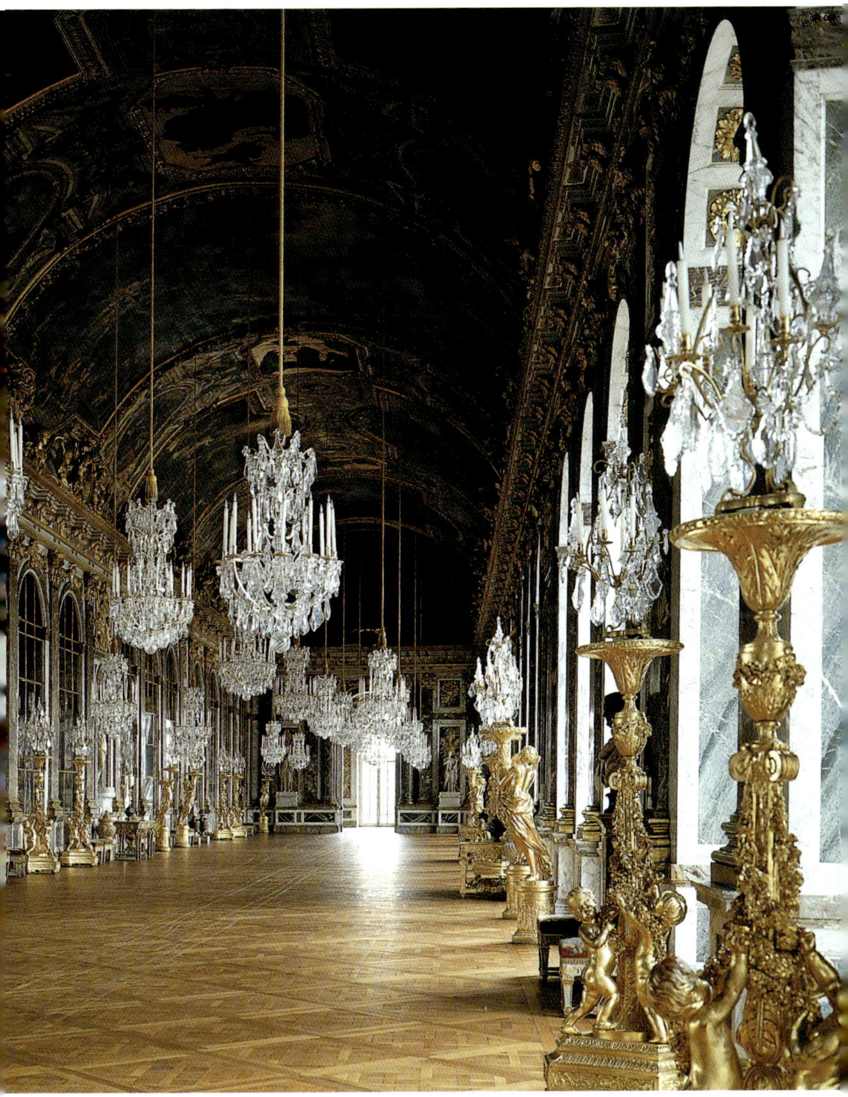

mythologie, ou des grands hommes de l'Antiquité. Les vastes dimensions de la galerie (73 mètres de longueur !) comme l'exigence quasi pédagogique du propos ont contraint Le Brun à recourir à une compartimentation très marquée, alors que ce procédé était déjà quelque peu archaïque à cette date. De la même façon, l'artiste s'est écarté de la doctrine académique selon laquelle le peintre doit chercher à rendre compte de la position relative du spectateur et de la voûte pour la traduction de la perspective, tandis que la source lumineuse doit feindre de provenir des fenêtres ; au contraire, Le Brun a marouflé à la voûte des toiles conçues comme des tableaux de chevalet, c'est-à-dire exécutées pour être vues verticalement à hauteur de l'œil, et n'a pas davantage cherché la cohérence de la source lumineuse : pour chaque scène, elle semble émaner de la personne royale elle-même. TB

Galeries historiques.
Voir Louis-Philippe

18 Grand Couvert (Antichambre du)
Au « grand couvert », le roi mangeait en public, avec la « nef » royale (voir Abondance) disposée sur la table les jours de fête, mais le plus souvent entreposée dans la salle des Gardes attenante. Le souverain réunissait alors autour de lui les fils et filles de France et ses petits-enfants*. À partir de 1690, le grand couvert se tint dans cette antichambre dont le décor peint de batailles fut confié à Joseph Parrocel.
Sur la table se trouvait le « cadenas » du roi, coffre de métal précieux où était enfermé le couvert royal, à l'abri d'éventuelles tentatives criminelles. Une foule relativement nombreuse assistait au repas du souverain, qui était assis dos à la cheminée. La vaisselle* était d'argent et d'or. Précédé du bénédicité, le repas se composait de trois services totalisant vingt-huit plats. On mangeait le plus souvent avec ses doigts, mais à partir de 1680 l'usage de la fourchette se répandit. Le gentilhomme faisant office d'échanson présentait sur un plateau des carafes d'eau et de vin dont le roi se servait lui-même. À cette mécanique figée, les successeurs de Louis XIV* préféreront le « petit couvert » privé, pris dans la chambre* royale.
C'est également dans cette salle que, le lundi matin, on installait une table couverte d'un tapis vert, et un fauteuil symbolisant le roi. Chacun pouvait y déposer un « placet » formulant une requête ou une demande de grâce que le souverain, en héritier des premiers Capétiens, se chargeait d'annoter. CC

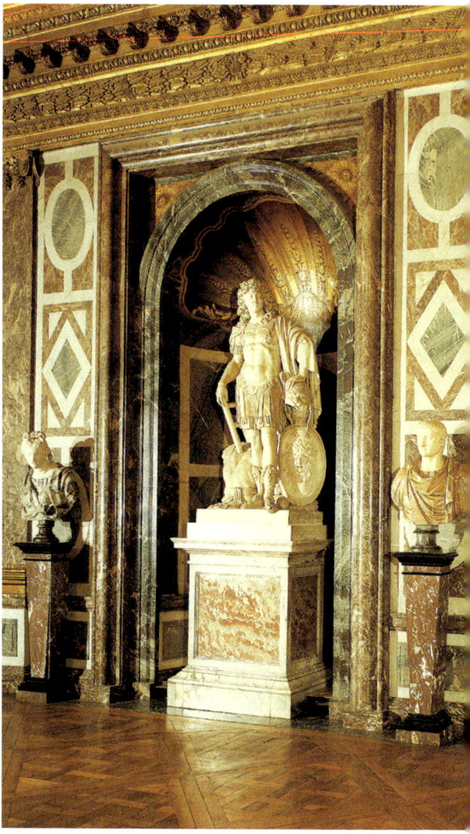

Grands Appartements
La construction* en U de Le* Vau, l'« enveloppe », était d'abord destinée à abriter à l'étage noble les appartements officiels du roi et de la reine. Ces appartements, disposés symétriquement de part et d'autre de l'axe du château, étaient constitués d'une enfilade de pièces dont chaque décor, réalisé dans les années 1670, évoquait une planète, s'inspirant en cela du parti décoratif du palais Pitti à

« Comme le soleil est la devise du Roi, l'on a pris les sept planètes pour servir de sujet aux tableaux des sept pièces de cet appartement. »

Félibien, 1674.

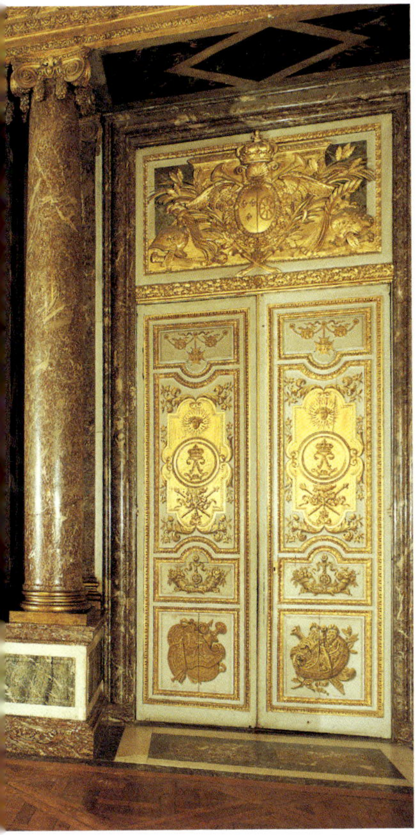

Salon de Vénus. À gauche, statue de Louis XIV par Jean Warin.

Florence. Suivant la nouvelle conception copernicienne du cosmos plaçant le Soleil au centre de l'univers, ce choix traduisait la prééminence de Louis XIV*, dont l'emblème était justement le Soleil (voir Symbolique royale) ; l'iconographie des plafonds était d'ailleurs complétée, chez le roi, par les actions des grands hommes de l'Antiquité illustrant symboliquement celles du monarque et, chez la reine, par les actions exceptionnelles des femmes héroïques de l'histoire.

Chargé de traduire la grandeur royale, le Grand Appartement du roi fut aménagé avec du mobilier* en argent massif (qui devait être fondu en 1689-1690 pour faire face aux dépenses de la guerre), et les chefs-d'œuvre des collections* royales y étaient présentés, l'hiver, sur de précieuses tentures.

On accédait au Grand Appartement du roi par l'escalier des Ambassadeurs*, dont les deux volées débouchaient sur les salons de Vénus* et de Diane*. Leur succédaient les salons de Mars*, de Mercure*, d'Apollon* et le cabinet de Jupiter. Ce dernier devint le salon de la Guerre* avec la construction de la galerie* des Glaces. La salle des Gardes de la reine héritera en partie des peintures exécutées par Noël Coypel sur le thème jupitérien. Dans la configuration originelle, le cabinet de Jupiter était suivi de la Petite Chambre du roi ou chambre de Saturne. Ainsi tout gravitait autour du salon d'Apollon. TB

Table d'argent pour le Grand Appartement. Plume et crayon. Stockholm, Nationalmuseum.

Salon de la Guerre orné d'un haut-relief d'Antoine Coysevox, *Louis XIV victorieux et couronné par la Gloire.*

8 Guerre (Salon de la)

Aménagé à l'emplacement du Grand Cabinet du roi ou salon de Jupiter (dont le décor fut alors remonté dans la salle des Gardes de la reine), le salon de la Guerre constitue le premier élément de cet ensemble homogène dont le centre est la galerie* des Glaces et le terme le salon de la Paix*, ensemble dû à la collaboration d'Hardouin-Mansart et Le* Brun, entre 1681 et 1684.

Les trophées d'armes aux écoinçons des arcades annoncent le propos de tout le programme iconographique ; la coupole présente, en son centre, *La France portant sur son bouclier le portrait du roi* ; dans les quatre lunettes figurent Bellone, déesse des combats, et les trois puissances coalisées en 1672 contre la France : l'Empire, l'Espagne et la Hollande.

Au-dessus de la cheminée, dont l'ouverture est occupée par un bas-relief de plâtre doré représentant *Clio écrivant l'histoire du roi*, un haut-relief de stuc par Antoine Coysevox montre *Louis XIV* victorieux et couronné par la Gloire*. En 1726, Nicolas Coustou exécuta un grand relief destiné à ce même emplacement et illustrant le passage du Rhin ; cette œuvre ne fut jamais mise en place et orne, depuis le règne de Louis-Philippe*, le vestibule bas de la chapelle. AP

« Je reviens de Versailles. J'ai vu les beaux appartements ; j'en suis charmée. Si j'avais lu cela dans quelque roman, je me ferais un château en Espagne d'en voir la vérité. Je l'ai vue et maniée ; c'est un enchantement. »

Mme de Sévigné, 1683.

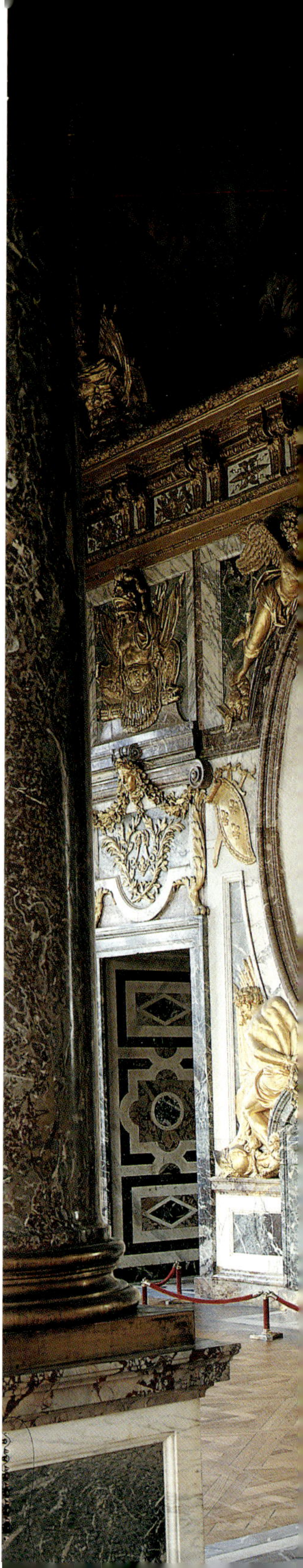

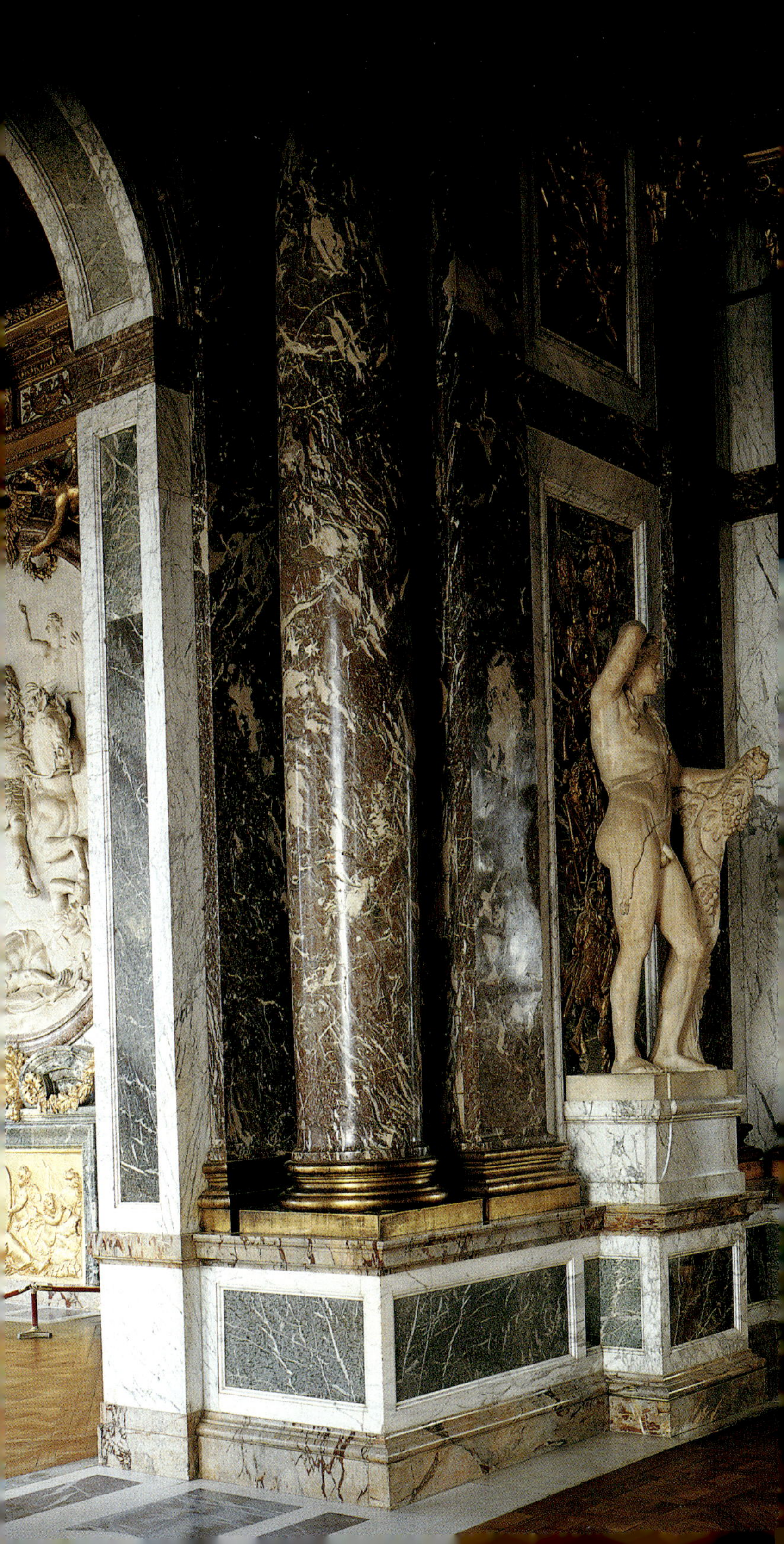

Hardouin-Mansart (Jules). Voir Galerie des Glaces

1 Hercule (Salon d')
La construction du salon d'Hercule fut commencée dès 1712 par Robert de Cotte et ne s'acheva qu'en 1736, après une courte interruption du chantier due à la mort de Louis XIV*. Il occupe l'emplacement de l'une des chapelles provisoires du château, démolie en 1710 après l'achèvement de la chapelle* actuelle.

Si les murs couverts de marbres polychromes de Sérancolin, d'Antin et de Rance, rythmés de pilastres à bases et chapiteaux corinthiens de bronze doré, évoquent la pompe louis-quatorzienne, le vaste plafond peint par François Lemoyne de 1733 à 1736 témoigne d'une autre esthétique. Abandonnant les traditionnels compartiments tels qu'on les avait multipliés dans les Grands* Appartements, l'artiste préféra peindre son *Apothéose d'Hercule* sur un vaste ciel délimité par une balustrade en trompe-l'œil ponctuée de groupes évoquant les travaux du héros, tandis qu'aux angles figurent la Force, la Constance, la Valeur et la Justice. Au centre du plafond, Jupiter et Junon présentent Hercule à la jeune Hébé afin qu'il devienne son époux. Tout autour, les dieux de l'Olympe contemplent la consécration du héros. Ainsi que l'écrivait Donatien Nonotte, élève et biographe de Lemoyne, « la nouveauté de ne faire qu'un seul morceau dans une si grande étendue » avait su plaire au surintendant d'Antin. Le sujet, quant à lui, glorifiait la « vertu héroïque récompensée » et se voulait ainsi un nouvel hommage à la personne royale. Pour la palette chromatique de son œuvre, Lemoyne s'était inspiré du grand tableau de Véronèse, *Le Repas chez Simon le Pharisien*, offert en 1664 à Louis XIV par la république

François Lemoyne, *L'Apothéose d'Hercule.* Plafond du salon d'Hercule.

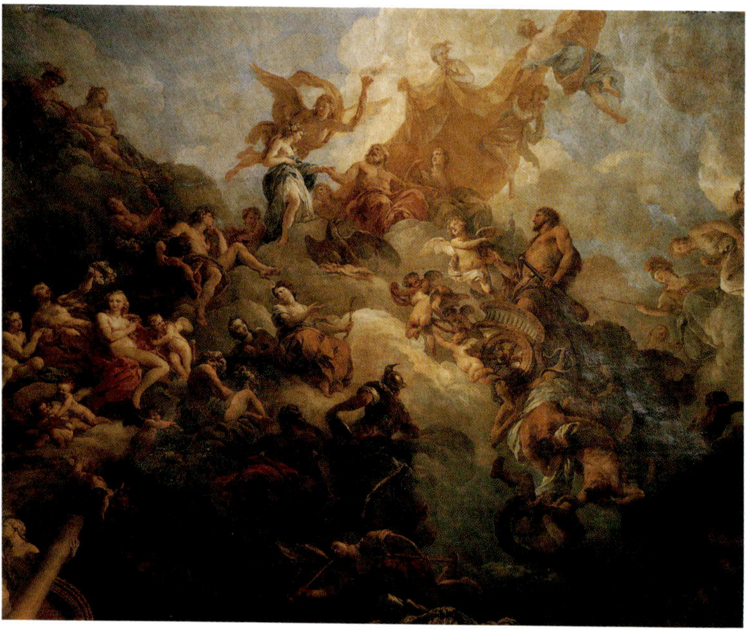

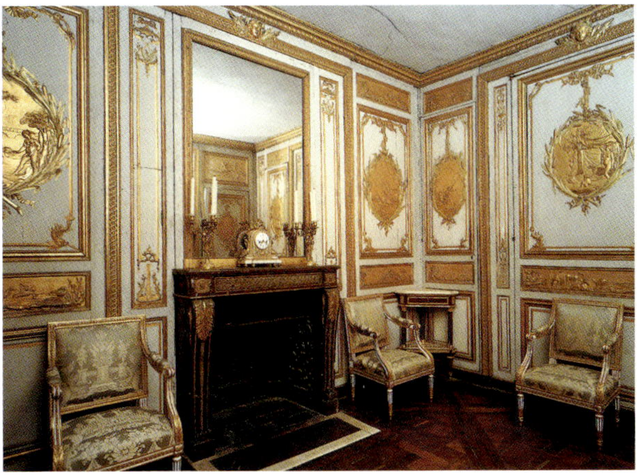

Salle de bains de Louis XV.

de Venise. En effet, à partir de 1730, le tableau avait été présenté sur le mur sud du salon d'Hercule.
Cette œuvre ainsi que le plafond devaient constituer un exceptionnel décor pour les événements qui se déroulèrent dans le salon. Le 26 janvier 1739, il fut inauguré par un « bal paré » offert à l'occasion du mariage de la fille aînée de Louis XV, Madame Louise-Élisabeth, avec l'infant d'Espagne don Philippe. Le 5 janvier 1769, Louis XV* y donna un « grand couvert » afin de célébrer le mariage du duc de Chartres, futur Philippe Égalité. En 1782 eut lieu le « grand couvert » de Louis XVI* marquant la naissance du Dauphin. Et en 1788, le roi y accorda une audience extraordinaire à Tippoo Sahib, sultan du Mysore (voir Ambassades). XS

Hygiène

La malpropreté de Versailles, soulignée avec complaisance par certains historiens, ne saurait être imputée exclusivement aux us de l'époque, mais bien plutôt au surpeuplement du château ; l'immense majorité des habitants devait avoir recours aux bains portés à domicile, le roi et certains de ses proches jouissant seuls du luxe d'une salle de bains.
Dès le règne de Louis XIV*, l'appartement des Bains, approvisionné en eau courante, éblouissait par son faste, plus destiné à l'intimité du roi et de Mme de Montespan qu'à de stricts soins de propreté ; plusieurs salles de bains furent ensuite aménagées pour les souverains, accompagnées d'une chambre de repos, le bain étant censé fatiguer ; une « pièce des cuves », généralement située en entresol au-dessus de la salle, fournissait en eau chaude et froide la baignoire, par le biais d'une tuyauterie de plomb encastrée sous la boiserie ; un dallage de marbre permettait l'évacuation de l'eau.
L'usage public de la « chaise d'affaires » (chaise percée) fut abandonné par Louis XV* au profit de « cabinets de chaise » répartis dans les appartements, certains étant pourvus d'un réservoir et d'un système d'évacuation des eaux. AP

Intendance.

Voir Maison du roi

JEU DE PAUME (SALLE DU)

La salle du Jeu de paume fut construite en 1686 ; propriété privée, elle était fréquentée par la famille royale, qui appréciait fort ce jeu* de la « courte paume », ancêtre du tennis. Après avoir accueilli la réunion des États généraux de 1789, elle devint bien national et, au XIXe siècle, servit d'atelier à Gros et Vernet*, puis de gymnase.

Quand Louis XVI*, contraint à des réformes, demanda la levée de nouveaux impôts, le parlement de Paris exigea la convocation des états généraux, seule institution compétente en ce cas. Cette assemblée, codifiée par Philippe le Bel en 1302, réunissait plus de mille députés appartenant aux trois ordres : dignitaires de l'Église, Grands du royaume et représentants du peuple. La séance d'ouverture eut lieu le 5 mai 1789 dans la salle des Menus-Plaisirs à Versailles, en présence du roi et de la famille royale. Dans un état d'esprit illustré par la brochure de Sieyès *Qu'est-ce que le tiers état ? Tout... Que demande-t-il ? À devenir quelque chose*, le tiers, auquel se joignit bientôt une partie du clergé, se proclama Assemblée nationale, avec pouvoir législatif. Le 20 juin, le roi ayant fait fermer la salle, les députés se réunirent dans la salle du Jeu de paume où ils prêtèrent serment : « Nous jurons de ne jamais nous séparer, et de nous réunir partout où les circonstances l'exigeront jusqu'à ce que la Constitution du royaume soit établie. » Le 4 août furent proclamées l'égalité de tous devant l'impôt et l'abolition des droits féodaux ; le 26 du même mois fut rédigée la « Déclaration des droits de l'homme et du citoyen ».

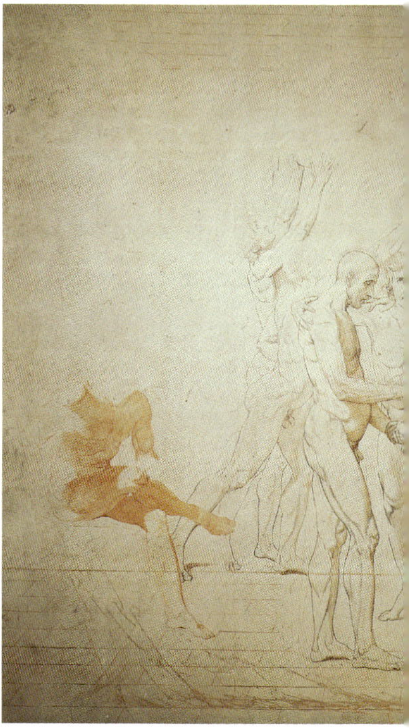

Le mois d'octobre 1789 devait marquer la fin du rôle politique national de Versailles. Lors d'un banquet des Gardes du corps et du régiment des Flandres, la cocarde tricolore fut foulée au pied. La foule parisienne se rendit à Versailles et ramena la famille royale aux Tuileries. L'Assemblée nationale constituante s'installa à Paris.

Militant passionné, député de la Convention et grand ordonnateur des fêtes révolutionnaires*, David assista à de nombreuses séances des États généraux. Son *Serment du Jeu de paume*, dont le dessin d'ensemble (Louvre) fut présenté au Salon de 1791, est resté à l'état d'ébauche. CC

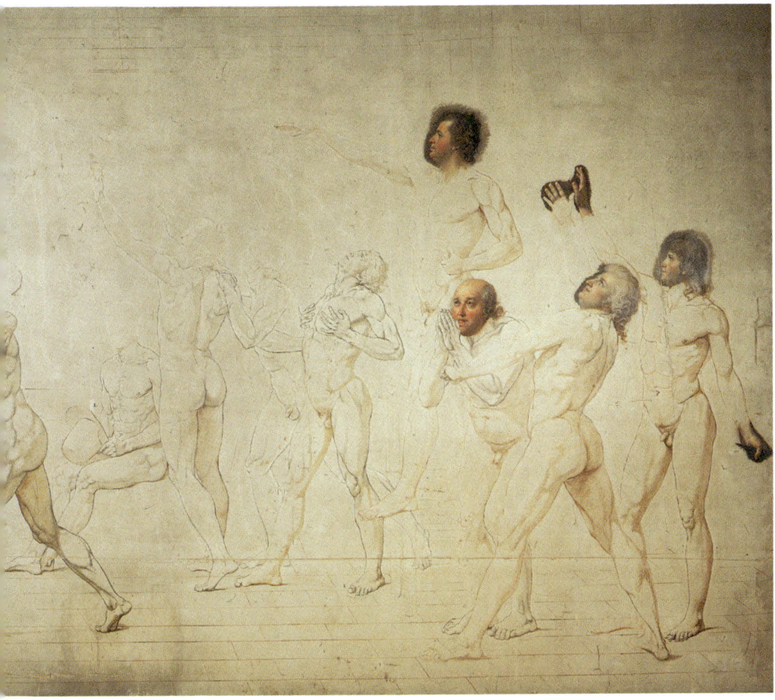

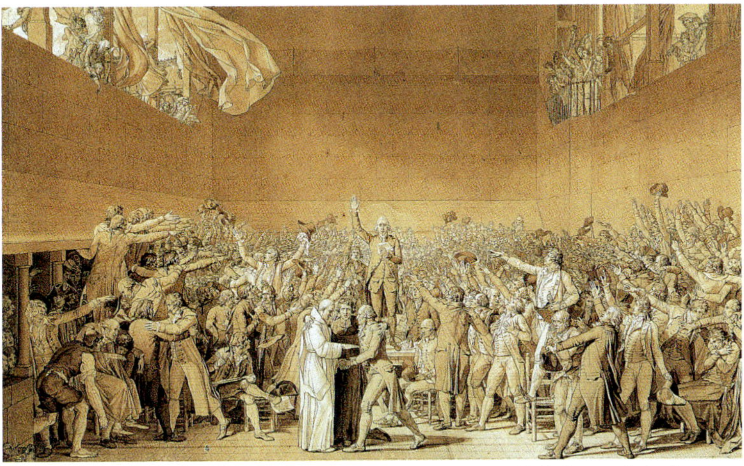

En haut : Jacques Louis David, *Le Serment du Jeu de paume, le 20 juin 1789 à Versailles*, 1791-1792. Crayon, lavis et huile sur toile, 358 × 648. Attique Chimay (dépôt du Louvre).

Jacques Louis David, *Le Serment du Jeu de paume*, 1791. Plume et encre brune, 66 × 101,20. Cabinet d'Arts graphiques (dépôt du Louvre).

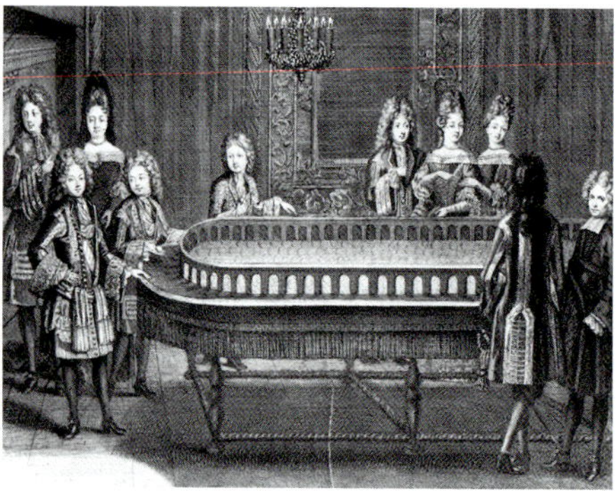

Antoine Trouvain, *Le Jeu de portique.* Gravure. Paris, Bibliothèque nationale de France.

François Marot, *Premier adoubement des chevaliers de l'ordre de Saint-Louis par Louis XIV, le 11 mai 1693.* H/t 51 × 76 cm. Salles du XVIIe siècle.

Jeux et joueurs

En dépit d'une condamnation de la morale et de l'Église, le jeu tenait une grande place à la Cour*. L'hiver, lors des « soirs d'appartement », il constituait l'une des principales activités, à côté de la conversation. Le salon de Diane* servait de salle de billard, tandis que le salon de Mercure* était réservé au jeu de la famille royale. Mais l'engouement était tel que des pièces furent spécialement aménagées, comme le cabinet du Billard installé par Louis XIV*, ou le salon des Jeux réalisé dès 1774 par Louis XVI*. Une distinction subtile avait été établie entre les jeux de hasard (bassette, lansquenet, joc, trou-madame...), qui étaient en principe bannis, et les jeux dits de commerce (piquet, trictrac, whist...), faisant appel à l'intelligence du joueur. Les jeux en vogue évoluèrent au long des règnes ; le hoc faisait fureur vers 1675, tandis qu'en 1695 c'était le lansquenet, puis le brelan ; Marie Leszczynska* prisait fort le cavagnole... Certains joueurs, comme le marquis de Dangeau, passent pour avoir amassé une partie de leur fortune par ce moyen. TB

Journée du roi (La)

Le roi vit en public, au rythme de l'étiquette. On le réveille à huit heures ; au petit lever, quelques membres de la famille royale et grands officiers assistent à sa première prière, puis on lui fait la barbe. Au grand lever, devant une compagnie plus nombreuse, le roi déjeune d'un bouillon, puis s'habille : longue cérémonie où le personnage le plus important de l'assistance lui présente la chemise chauffée. À neuf heures et demie, le roi passe dans son cabinet pour les

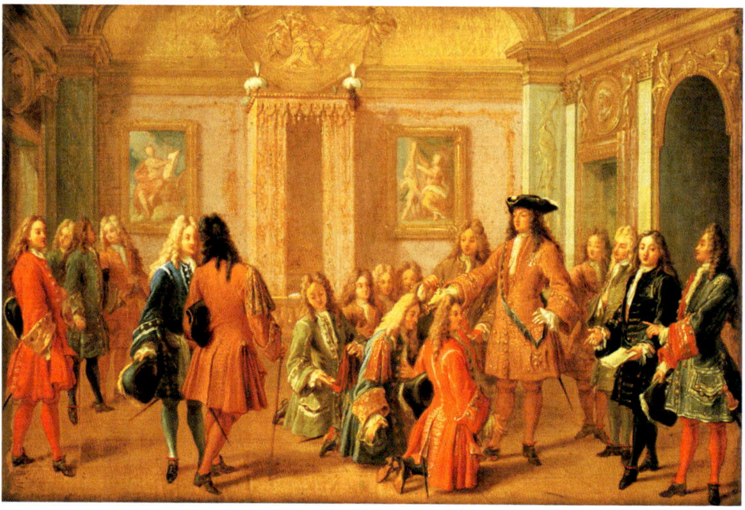

audiences particulières, puis se rend, à travers les Grands* Appartements, jusqu'à la chapelle* pour y entendre la messe depuis la tribune ; certains jours de fête, ou bien s'il communie, il se tient près de l'autel. Chaque jour, un motet nouveau est chanté, et le roi exige des courtisans assiduité et recueillement. Revenu dans son cabinet à onze heures, il préside le conseil où l'on débat de guerre, de paix ou de finances ; le jeudi est particulièrement réservé aux bâtiments, le vendredi à l'entretien avec le confesseur.
Après le déjeuner, repas au « petit couvert » pris dans sa chambre, seul ou parfois avec son frère, le roi fait sa promenade dans les jardins, à Marly ou bien à Trianon avec les dames de la Cour* ; sinon, le roi chasse et courre le cerf. Les lundis, mercredis et jeudis, après les audiences de fin d'après-midi, il y a « appartement » : chacun, en habit de soirée, joue, danse et se rend aux buffets des Grands Appartements ; le roi s'en éclipse souvent et se retire chez Mme de Maintenon*. Après le grand couvert, à onze heures, la cérémonie du coucher reprend, à l'inverse, celle du lever. Le roi donne alors le mot de passe pour la nuit. CC

Le Brun (Charles)

Après de brillants débuts en Italie et à Paris, Le Brun (1619-1690) participa à la décoration du château de Vaux-le-Vicomte, propriété de Fouquet. Chancelier de l'Académie royale de peinture et sculpture en 1663, il fut nommé l'année suivante premier peintre du roi et se vit confier la direction et la garde générale du cabinet des Tableaux et Dessins. Dès 1663, il fut chargé par Colbert* d'organiser la Manufacture royale des meubles de la Couronne ; celle-ci était installée aux Gobelins où travaillaient les ébénistes du Louvre (Boulle*, Ballin), mais aussi les peintres qui l'assistaient dans la réalisation des cartons des tapisseries représentant en particulier l'histoire du roi (Van der Meulen, Coypel, Boullogne, Houasse).
À partir de 1668, Le Brun devint le principal responsable de l'aménagement intérieur de Versailles. Il dessina le mobilier d'argent (fondu en 1689 pour financer la guerre), la monture des objets précieux et nombre d'éléments décoratifs dont les projets sont aujourd'hui conservés au Louvre avec le fonds de son atelier. S'il dessine des fontaines et les sculptures de la commande de 1674, on lui doit la voûte de la galerie* des Glaces, conçue en trois jours, ainsi que le décor de cette galerie, celui du salon de la Guerre* et celui du salon de la Paix*, terminé en 1684. Il réalisa encore l'escalier des Ambassadeurs*, détruit sous Louis XV*, et un projet de chapelle qu'il ne put malheureusement pas mener à son terme. Après la mort de Colbert, il fut supplanté par son grand rival Mignard*. CC

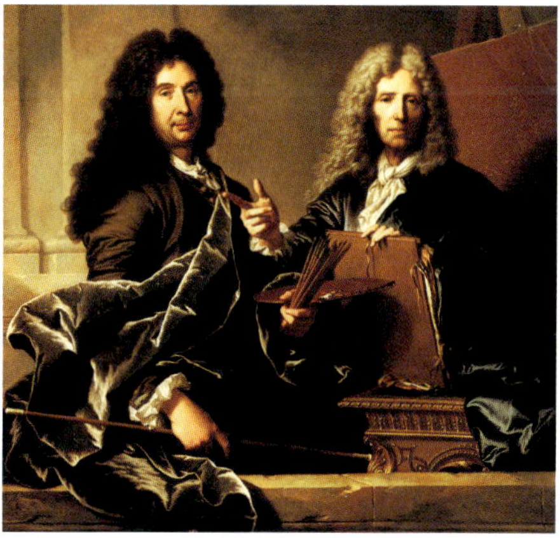

Hyacinthe Rigaud, *Charles Le Brun et Pierre Mignard, premiers peintres du roi*, 1730. H/t 130 × 140 cm. Paris, Louvre.

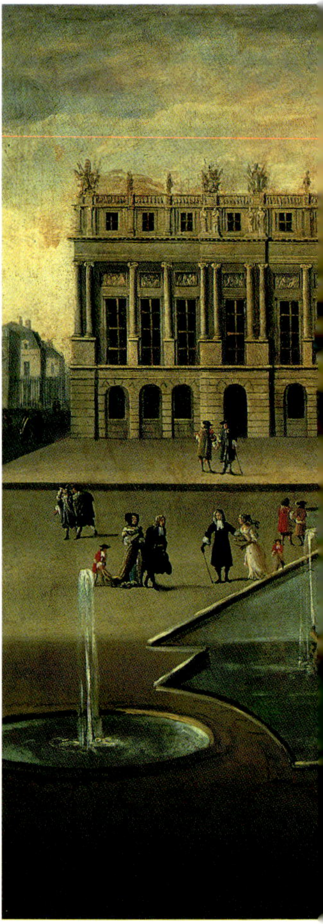

Leszczynska (Marie)

Épouse de Louis XV*, Marie Leszczynska (1703-1768) fut la souveraine de France qui résida le plus longtemps à Versailles, de 1725, année de son mariage, jusqu'à sa mort. Malgré cela, peu de pièces du château lui doivent encore leur décor. Dans son Grand* Appartement, où elle s'imposa un rôle de représentation, seule sa chambre a conservé les peintures et le décor de boiseries sculptées « à la moderne » exécutés à son intention. Les autres salons ne connurent pas de profondes modifications et ont gardé leur style louis-quatorzien. Quant aux cabinets ouvrant sur la cour de Monseigneur, où la reine aimait se retirer, ils furent plusieurs fois modifiés. Les ouvrages de vernis Martin, les lambris à décor de fleurs peintes en coloris au naturel, les plafonds peints de fleurs et de feuillages mêlés d'oiseaux par Girard, Huilliot et Perrot, ou les sujets chinois dus à La Roche, Fredou, Coqueret ou Prevôt ne sont plus que souvenirs. Ils ont laissé la place à de très beaux ensembles décoratifs commandités par Marie-Antoinette*. xs

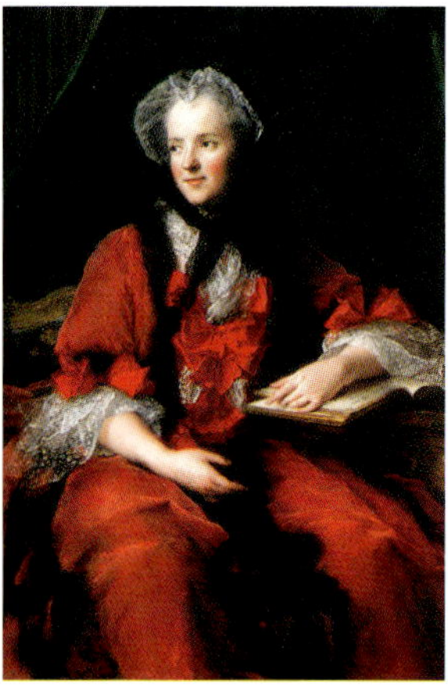

Jean-Marc Nattier, *Portrait Marie Leszczynska*, 1748. H/t 104 x 112 cm. Seconde antichambre du Dauphin.

Le Vau (Louis)

Avec son père entrepreneur, Le Vau (1612-1670) participa à la construction de l'île Saint-Louis entre 1635 et 1644 : on lui doit ainsi, parmi certains édifices célèbres, les hôtels Lambert, Lauzun, Hesselin... Il se fit apprécier d'une clientèle de financiers pour lesquels il bâtit également des châteaux hors Paris. Sa réussite lui permit d'acheter, en 1644, une charge anoblissante de secrétaire du roi. À cette époque, il travailla pour des clients particulièrement importants, notamment Fouquet pour lequel il construisit l'hôtel de Saint-Mandé et surtout Vaux-le-Vicomte. Ce château, réa-

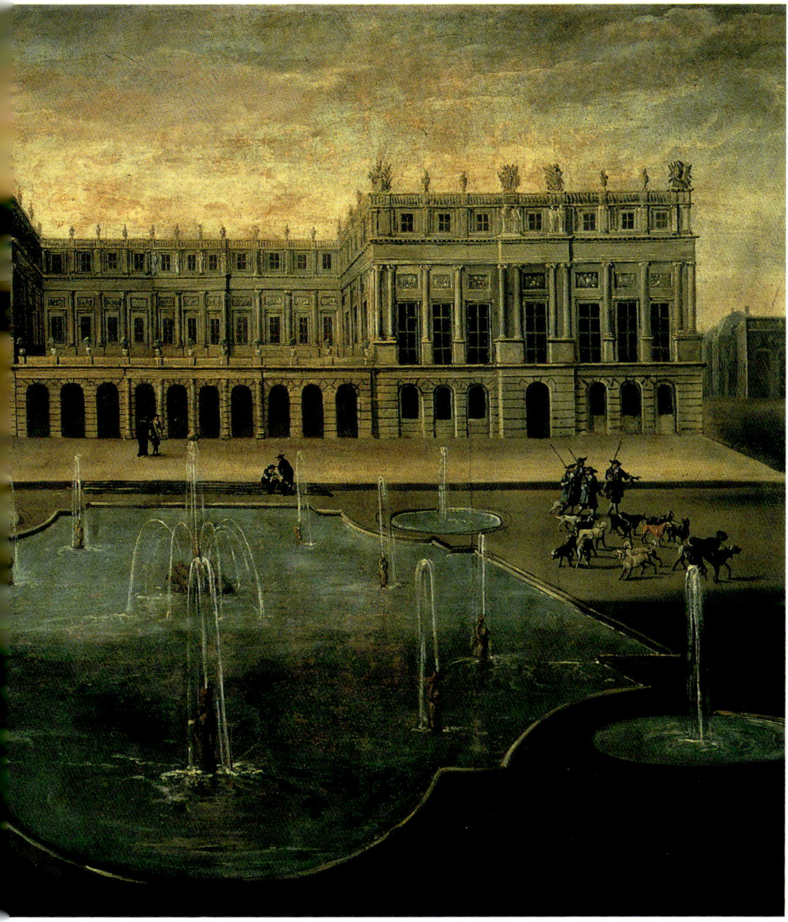

lisé à partir de 1656, fut en 1661 le théâtre d'une grande fête dont le faste ne fut guère apprécié par le jeune Louis XIV* et qui devait précipiter la disgrâce du surintendant. La gloire de Vaux-le-Vicomte fit beaucoup pour la carrière de Le Vau, qui acheta une charge d'intendant des Bâtiments en 1657 avant de devenir premier architecte du roi ; il travailla alors à Vincennes, au Louvre (il participa au concours pour la colonnade contre le Bernin) et aux Tuileries, ainsi qu'à Saint-Germain. Sa principale réalisation, entre 1661 et 1664, fut le collège des Quatre-Nations (actuel Institut de France), élevé face au Louvre.

Mais le plus important chantier de la carrière de Le Vau reste incontestablement Versailles. Dès 1662, l'architecte fit des transformations dans le bâtiment et les communs, ainsi que dans le parc où il érigea la Ménagerie et la première Orangerie. À partir de 1668, il agrandit l'édifice primitif de brique et pierre en l'enveloppant d'une nouvelle construction* en U, achevée pour l'essentiel en 1671.

Pour tous ses travaux, il était à la tête d'une agence importante, tandis que son succès, non moins que son sens des affaires, l'avaient doté d'une solide fortune. TB

École française, *Vue de la façade sur jardin,* v. 1675.
On voit la terrasse que remplacera la Galerie des Glaces après 1678.
H/t 136 x 154 cm.
Salles du XVIIe siècle.

LOUIS-PHILIPPE : RÉINVENTER VERSAILLES

En 1833, désireux de rassembler les Français, alors profondément divisés entre légitimistes, orléanistes, républicains et bonapartistes, Louis-Philippe décida de faire de Versailles un musée « dédié à toutes les gloires de la France ». Ordre fut ainsi donné de réunir toutes les peintures et sculptures à caractère historique provenant des anciennes collections* royales ou des saisies révolutionnaires. Pour combler les lacunes, le roi passa un grand nombre de commandes (près de 1 500 sculptures et 3 000 peintures sont des œuvres d'imagination, des moulages, comme ceux des gisants de Saint-Denis, ou des copies de tableaux conservés dans des collections particulières) et procéda à plusieurs acquisitions (la reine Marie-Amélie lui offrit une œuvre de l'atelier de Van der Meulen représentant la *Défaite de l'armée espagnole près du canal de Bruges*).

Les trois étages du château furent profondément remaniés pour l'occasion, excepté les Grands* Appartements, conservés à peu près en l'état, et les anciens appartements* intérieurs du roi et de la reine, utilisés comme appartements de jour par Louis-Philippe et sa famille. Le musée se présentait sous la forme de longues galeries ou de salles disposées en enfilade, aux murs couverts (parfois sur les trois étages) d'œuvres au format homogène insérées dans des boiseries ou des panneaux décoratifs.

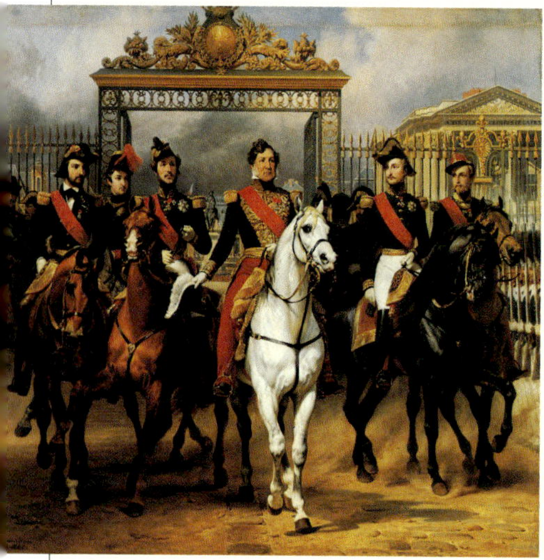

Le portrait y tient une place de choix, puisqu'il constitue les deux tiers de la collection. À côté des chefs-d'œuvre de Mignard*, de Rigaud, de Nattier* ou de Mme Vigée*-Lebrun, les représentations de la famille de Louis-Philippe sont variées.

La peinture historique est traitée de façon efficace. Le dialogue du chef avec le peuple est particulièrement évoqué dans la galerie des Batailles* : baptême de Clovis, légitimité de la Couronne redéfinie à Bouvines, fin de la guerre civile scellée par l'entrée d'Henri IV à Paris. Les épisodes choisis semblent écrire une sorte d'histoire officielle ; mais l'action est statique et de représentation, contrastant avec l'élan et le goût héroïque des tableaux de l'épopée impériale de Girodet, Gros, Gérard ou David. Que Louis-Philippe ait fait graver toutes ces scènes par Gavard montre bien son souci de diffusion d'une histoire réécrite.

Ces salles à la présentation monotone ont été détruites, et l'on s'est efforcé depuis le début du siècle d'éliminer des collections les œuvres de commande, à caractère rétrospectif. Il reste aujourd'hui les créations les plus originales : ensemble néo-gothique des salles des Croisades, salles d'Afrique essentiellement consacrées à la conquête de l'Algérie (*Prise de la smalah* d'Abd el-Kader* par Vernet), salle des États généraux rappelant le rôle du peuple dans les heures difficiles du royaume, salle de 1792, salles de l'Empire où figurent les commandes de Napoléon Ier pour le château des Tuileries, salle du Sacre illustrant l'ascension politique et militaire de Napoléon, galerie des Batailles* et salle de 1830 relatant les événements de la révolution qui amena Louis-Philippe sur le trône. CC

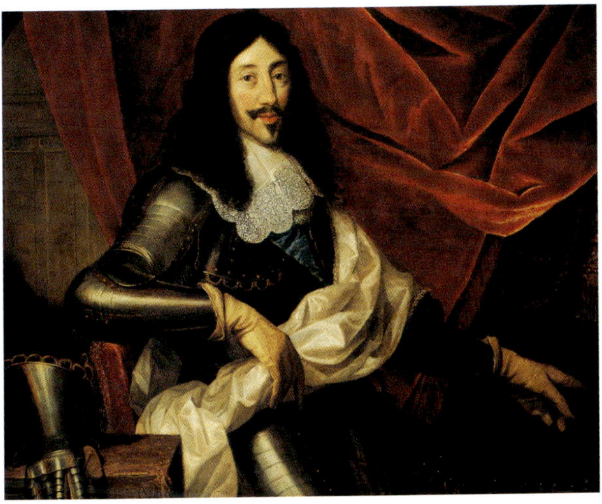

Juste d'Egmont (1602-1679), *Le Roi Louis XIII* (détail). Salles du XVIIe siècle.

Louis XIII

Louis XIII (1601-1643), fils d'Henri IV et de Marie de Médicis, fut sacré roi de France le 17 octobre 1610, mais jusqu'en 1617 la régence fut assurée par la reine mère. Bien que de santé fragile, il mena avec détermination une politique visant à éviter l'hégémonie espagnole en Europe, tandis que, relativement tolérant, il lutta contre les huguenots pour des raisons politiques plus que confessionnelles. Pour servir son État, il sut s'adjoindre un homme exceptionnel en la personne de Richelieu.

Son goût pour la chasse l'amena à s'intéresser au domaine* de Versailles. En 1623-1624, il décida de bâtir un pavillon de chasse sur quelques arpents de terre achetés aux Gondi. Ce premier édifice, qui n'était guère qu'un « petit château de gentilhomme », fut pour lui un refuge contre les intrigues de la Cour*, comme le 11 novembre 1630, lors de la fameuse journée des Dupes. Les couleurs contrastées, le rouge de la brique, le blanc de la pierre, le noir de l'ardoise, sont, davantage que la taille réduite de l'édifice, à l'origine de l'expression « château de cartes » reprise non sans quelque mépris par Saint-Simon. À partir de 1631 environ, Louis XIII poursuivit les travaux (voir Construction) : le château entouré de fossés fut agrandi par Philibert Le Roy, tandis qu'un premier jardin était dessiné par Jacques de Nemours, puis par Claude Mollet. TB

À gauche : Horace Vernet, *Le Roi Louis-Philippe et ses fils devant le château de Versailles*, 1846. H/t 367 x 394 cm. Galerie de pierre, rez-de-chaussée de l'aile nord.

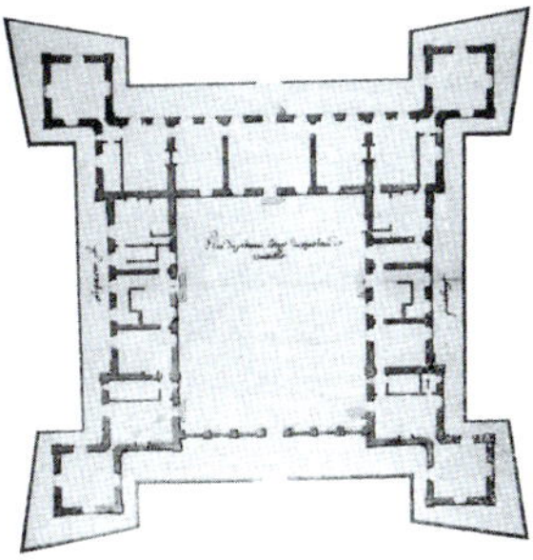

Plan du château de Versailles, v. 1634. Gravure. Cabinet des Arts graphiques.

« Cependant comme Sa Majesté a eu cette pitié pour la mémoire du feu Roy son père de ne rien abatre de ce qu'il avoit fait bastir, tout ce que l'on y adjoûte n'empesche point qu'on ne voye l'ancien palais tel qu'il estoit autrefois. »

Félibien, 1674.

LOUIS XIV

Antoine Coysevox, *Buste de Louis XIV*, v. 1686. Bronze, h. 89. Londres, Wallace Collection.

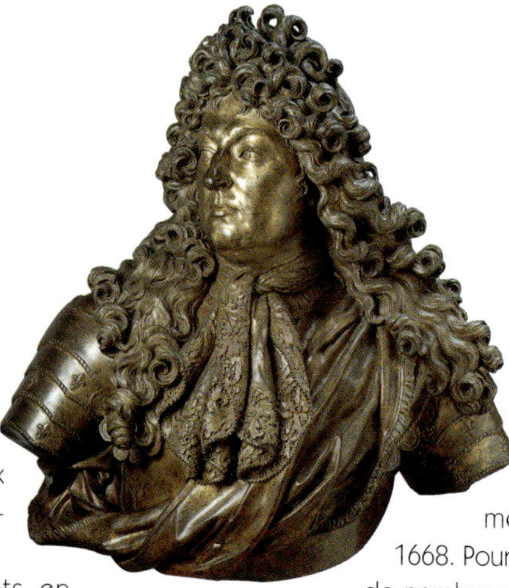

Hyacinthe Rigaud, *Portrait de Louis XIV en costume royal*, 1701. H/t 276 × 194 cm. Paris, Louvre.

De travaux en embellissements, d'agrandissements en transformations (voir Construction), Louis XIV (1638-1715) n'a cessé de porter une attention constante à son palais tout au long de son long règne (de 1661 à 1715 pour le règne personnel), décidant des nouveaux chantiers, supervisant l'exécution de ses directives et s'impatientant des délais. Ainsi, il exigeait de Colbert*, ministre tout-puissant jusqu'à sa mort en 1683, le « détail de tout », voulait être informé même sur le champ de bataille de l'état des travaux, et il n'hésita pas à tancer en public Louvois, ministre et secrétaire d'État de la Guerre, surintendant des Bâtiments après 1683, parce qu'une fenêtre de Trianon n'était pas à son goût.

Le souverain a toujours voulu conserver farouchement le château de son père Louis XIII*. Ce parti a conditionné l'évolution des transformations du palais. La petite maison des années 1660 servit d'abord de refuge à la vie amoureuse de Louis XIV qui y donna des fêtes somptueuses, comme les « Plaisirs de l'île enchantée » en 1664, ou le « Grand Divertissement royal » en 1668. Pourtant, à la faveur de nombreuses extensions, le pavillon de chasse n'en devait pas moins devenir le siège du gouvernement de la France par décision du 6 mai 1682, et le symbole même de la grandeur du souverain auquel encore aujourd'hui le nom reste attaché.

« Il aimoit cette maison avec une passion démesurée », confessait en 1682 le marquis de Sourches en parlant de Louis XIV et de Versailles. La rédaction par le souverain lui-même d'une *Manière de montrer les jardins de Versailles*, véritable visite guidée du parc, réactualisée à six reprises entre 1689 et 1705, en témoigne. Pourtant, comme pour échapper à la vie officielle (voir Cour) trop contraignante de ce palais immense, Louis XIV se fit bâtir Trianon puis Marly pour se retrouver au calme dans un cercle restreint d'intimes.

Reflet de la puissance du monarque, Versailles fut l'objet de nombreuses descriptions, illustrées ou non, comme celles de Félibien, de Monicart, de Piganiol, etc., qui proclament combien cette résidence était digne de son créateur. TB

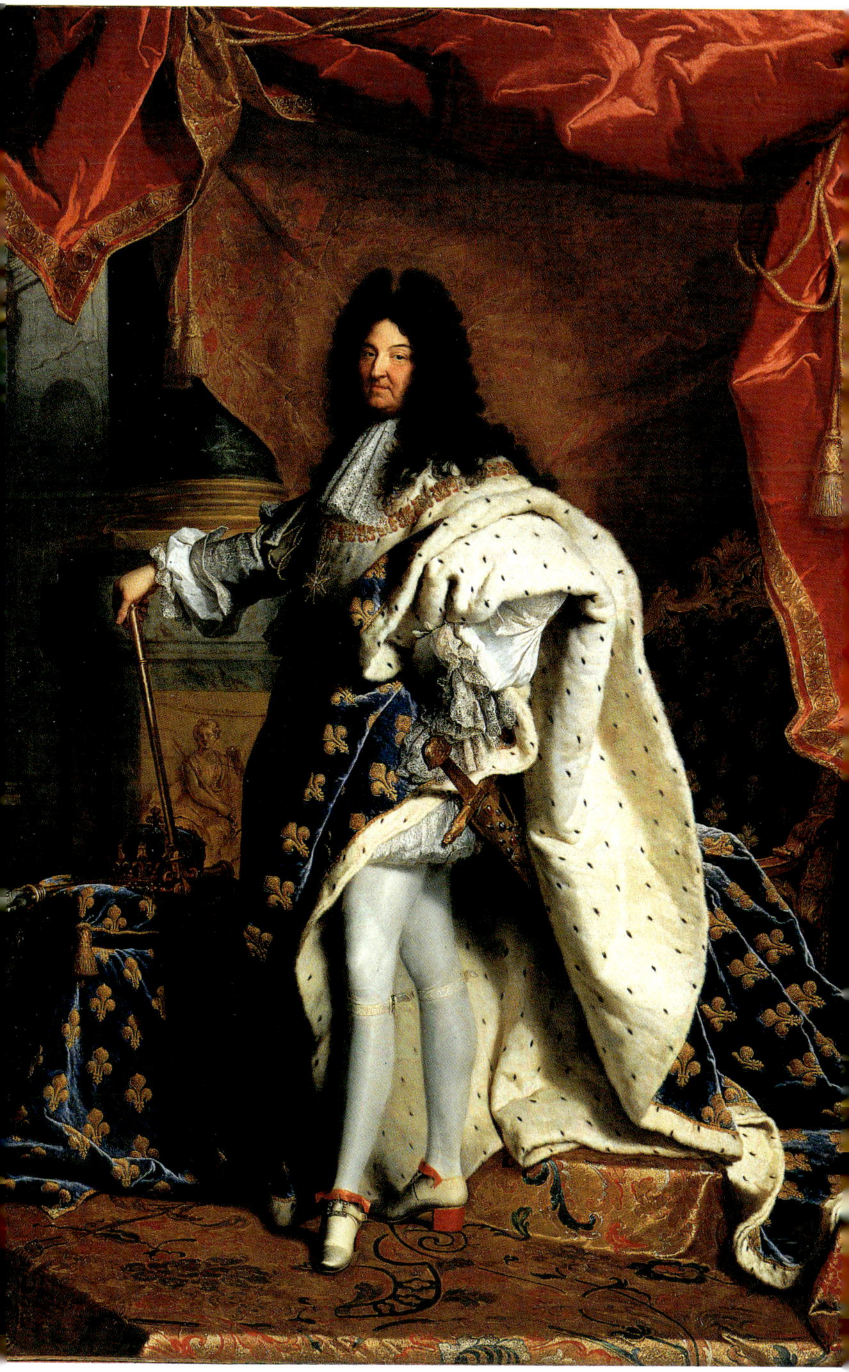

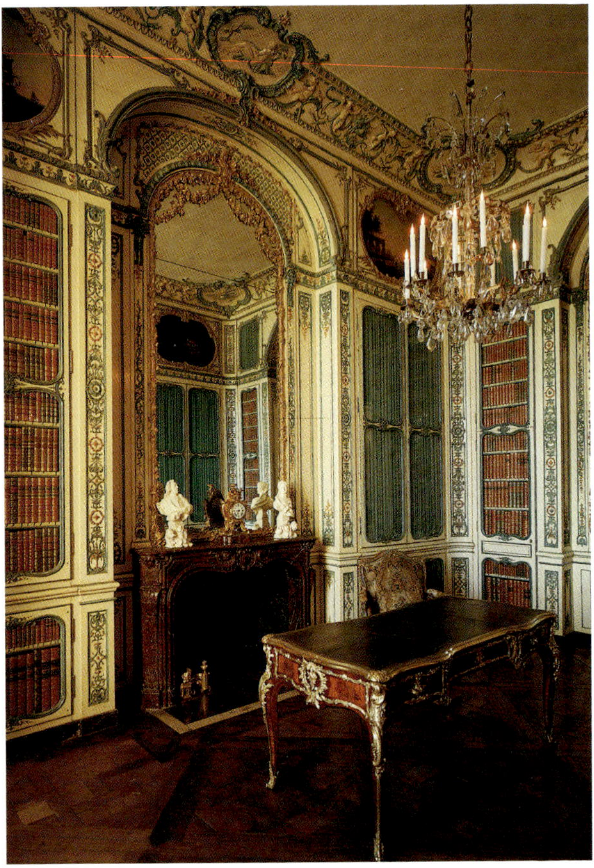

Bibliothèque du Dauphin, un exemple du style Louis XV.

Louis XV

Après avoir vécu pendant la Régence au palais des Tuileries à Paris, Louis XV (1710-1774) s'installa de nouveau à Versailles le 15 juin 1722. Ne pouvant réellement faire œuvre de bâtisseur comme l'avait fait Louis XIV*, son attention se porta essentiellement sur les intérieurs du château. S'il ne modifia aucun des fastueux salons de son Grand* Appartement, peut-être par admiration pour les créations de son arrière-grand-père et sans doute par mesure d'économie, en revanche le jeune souverain manifesta très vite le souhait d'accroître le confort de son appartement* intérieur. Les pièces situées autour de la cour* des Cerfs et de la cour Royale, au premier et au deuxième étage, connurent tout au long du règne de continuelles transformations.

Pour ses différents cabinets, le roi sollicita les artistes les plus talentueux. Sous la conduite du premier architecte Jacques Ange Gabriel, les équipes de sculpteurs des Bâtiments du roi, dont le talentueux Jacques Verberckt*, réalisèrent de précieux ensembles de lambris répondant au goût du jour par leur dessin et leurs motifs ornementaux. Peintres et ébénistes reçurent aussi de nombreuses com-

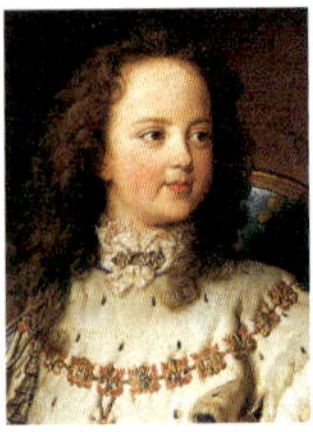

Hyacinthe Rigaud, *Louis XV en grand costume royal*, (détail), 1715. Musée national du château de Versailles.

mandes. Leurs œuvres, aujourd'hui progressivement remises en place, contribuent à faire de chacun de ces cabinets un modèle de l'esthétique rocaille*. Plusieurs grands chantiers furent également conduits à terme : celui du salon d'Hercule*, commencé sous Louis XIV (1736), et celui, plus monumental encore, de l'Opéra* qui fut inauguré le 16 mai 1770, jour du mariage du Dauphin, futur Louis XVI*, avec l'archiduchesse Marie*-Antoinette. XS

Louis XVI

Petit-fils de Louis XV*, le duc de Berry accéda en 1774 à un trône pour lequel il ne se sentait pas prêt ; en butte à l'hostilité de ses frères, Provence et Artois (les futurs Louis XVIII et Charles X), souffrant d'un physique disgracié, timide et d'une indécision maladive, Louis XVI (1754-1793) fut sujet à l'influence de la reine Marie*-Antoinette, qui ne fut tempérée que par la présence de quelques-uns de ses proches.
Il marqua le plus grand respect pour le château de ses prédécesseurs et la plupart de ses aménagements ne concernent que son appartement* intérieur. Il fit notamment redécorer le cabinet* de la Garde-Robe par les frères Rousseau* (1788), qui réalisèrent là le dernier chef-d'œuvre du décor intérieur versaillais. Le salon des Jeux* et le Billard firent également l'objet de travaux importants. Dans le reste de l'appartement, ses interventions se limitèrent à un accrochage très serré de divers tableaux et gravures traduisant ses goûts personnels. Signe de son tempérament sérieux, la première réalisation de son règne fut sa bibliothèque*. Autour de la cour* des Cerfs, sur plusieurs niveaux, furent regroupés de petits cabinets où il se livrait à l'étude de la géographie, de la physique ou de la chimie,

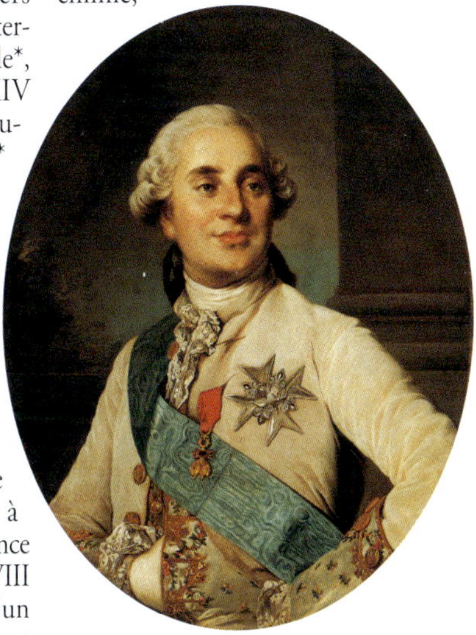

Joseph-Siffrède Duplessis, *Louis XVI*, 1775. H/t 80 × 62 cm. Petits cabinets de Marie-Antoinette, 2e étage.

ainsi qu'à des activités de menuiserie, de serrurerie ou d'horlogerie. Passionné par les bâtiments, il témoigna en diverses occasions d'une réelle connaissance de l'architecture. Reprenant à son compte la préoccupation de son grand-père d'édifier sur la cour d'entrée du château une façade digne de celle du parc, il lança en 1780 un concours d'architecture, mais le projet ne put aboutir en raison du coût énorme de la construction* d'une enveloppe analogue à celle de Le* Vau au XVIIe siècle. AP

Lully (Jean-Baptiste)

Lully (1632-1687), né à Florence, entra à l'âge de 14 ans au service de Mlle de Montpensier (la Grande Mademoiselle) auprès de qui il compléta sa formation musicale jusqu'en 1652 ; il s'attacha au service du roi dès l'année suivante comme compo-

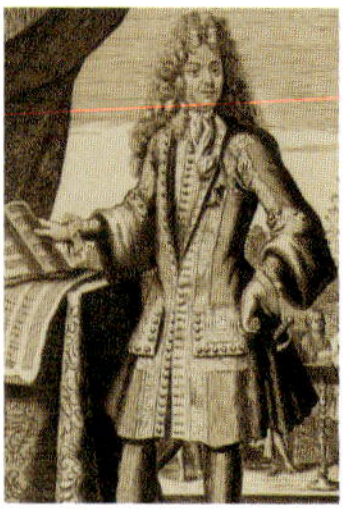

Les frères Bonnart, *Jean-Baptiste Lully, surintendant de la Musique du Roi*. Gravure, 27 × 20 cm. Cabinet d'Arts graphiques.

siteur de la musique instrumentale, puis dirigea la bande des « petits violons » et, naturalisé français en 1661, fut nommé surintendant de la musique*. Il participa dès lors aux fêtes royales, notamment celles de 1664 et 1668 à Versailles, et acquit en 1672 le privilège de l'opéra en France (interdisant à quiconque l'emploi sur scène d'un effectif tant soit peu important de musiciens).

Son rôle de directeur de l'Académie royale de musique et son tempérament excessif en firent un homme public exposé aux critiques et aux cabales de ses contemporains ; la faveur royale ne lui fut pas comptée : nombre de ses opéras furent montés pour la Cour* dans de somptueux décors que l'Académie royale de musique reprenait ensuite à son compte ; cette faveur commençait toutefois à connaître un début d'éclipse devant les extravagances du musicien, lorsque Lully mourut des suites d'une blessure au pied qu'il s'était infligée en dirigeant son *Te Deum*. Le succès de ses opéras (*Alceste*, 1674 ; *Atys*, 1676 ; *Armide*, 1686) ne devait pas se démentir pendant tout le XVIIIe siècle. AP

Maintenon (Mme de)

Petite-fille du poète Agrippa d'Aubigné, fille d'un repris de justice, Françoise d'Aubigné (1635-1719) fut élevée par des tantes après un séjour à la Martinique et placée chez les ursulines de Niort, puis chez celles de la rue Saint-Jacques à Paris. Elle fit la connaissance de l'écrivain burlesque Paul Scarron (1610-1660), qu'elle épousa le 4 avril 1652. L'union insolite de la jeune fille sans dot et du poète infirme défraya la chronique, mais la jeune femme se trouva bientôt au centre d'un cénacle littéraire très brillant.

Devenue veuve, elle fit la connaissance de Mme de Montespan qui devait lui confier la charge de ses enfants nés de Louis XIV*. En 1673, les bâtards furent légitimés et la gouvernante fréquenta désormais la Cour*. Dès 1674, semble-t-il, elle devint la maîtresse du roi, ce qui lui valut le marquisat de Maintenon. La solidité de cette liaison surprit tout le monde. Elle devait aboutir à un mariage resté secret peu de temps après la mort de Marie-Thérèse*, sans doute le 9 octobre 1683.

Son appartement à Versailles était desservi par l'escalier* de la

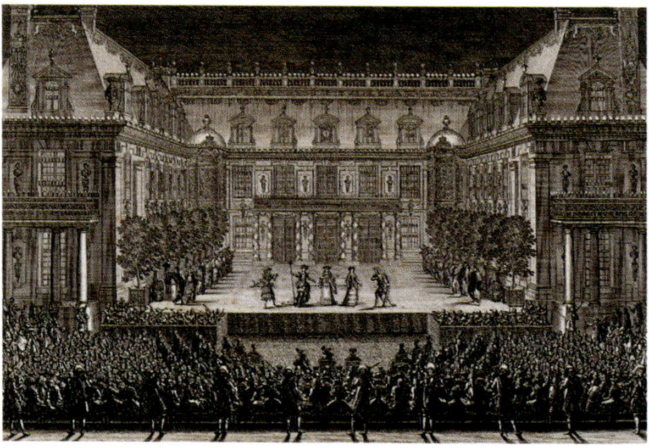

Jean Lepautre, *Représentation d'Alceste donnée en 1674 dans la cour de marbre du château de Versailles*, 1676. Gravure, 31 × 42 cm. Cabinet d'Arts graphiques.

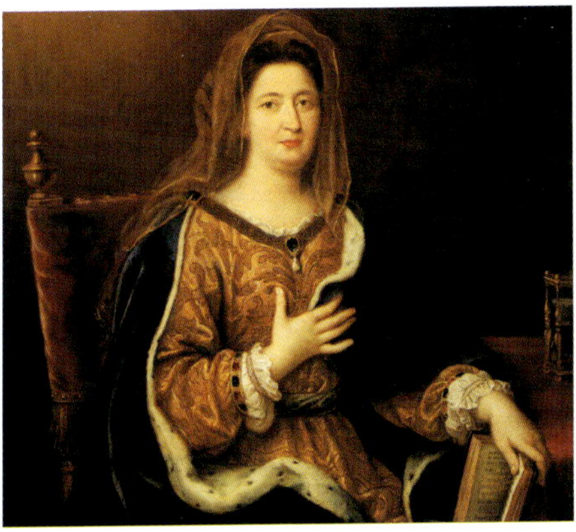

Reine, à proximité immédiate de celui du Roi. Louis y venait tous les jours pour travailler, se distraire ou se reposer en petit comité. L'influence politique de Mme de Maintenon semble avoir été très faible, malgré ce que l'on en a dit à la suite de Saint-Simon. Sa principale réalisation fut la création, en 1686, de la maison d'éducation pour les jeunes filles pauvres de la noblesse à Saint-Cyr ; elle s'y retira après la mort de Louis XIV. TB

Pierre Mignard, *Madame de Maintenon* (détail), 1691. Salles du XVIIe siècle.

MAISON DU ROI
Une ruche convoitée

La maison du roi, qui se constitua au cours du XVIe siècle, comprenait sous Louis XIV* plus de huit mille personnes attachées au service du souverain. Elle se composait d'une part de la « maison militaire », chargée de veiller à la sécurité du roi, et d'autre part de la « maison civile », chargée d'assurer sa vie quotidienne. Cette dernière, amalgame de services autonomes, comprenait notamment les services de l'argenterie et des menus-plaisirs, des bâtiments, de la bouche, du cabinet du roi, des cérémonies, de la chambre, de la chapelle, des écuries, de la faculté, de la fauconnerie, du Garde-Meuble, de la garde-robe, de la prévôté de l'hôtel, de la vénerie. La bouche, par exemple, placée sous les ordres du premier maître d'hôtel (toujours un Condé), ne comptait pas moins de sept services, comme la cuisine-bouche (c'est-à-dire à l'usage exclusif du roi, par opposition à la cuisine-commun), la paneterie, l'échansonnerie-bouche, etc.

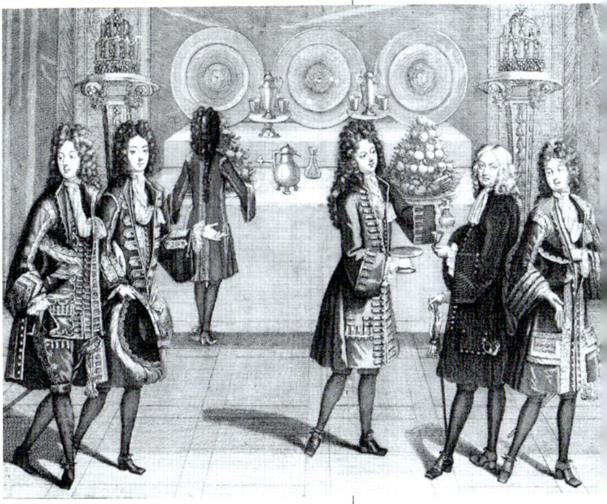

Antoine Trouvain, *Le Buffet*. Gravure. Paris, Bibliothèque nationale de France.

Les charges les plus importantes de la maison du roi ne se recrutaient que parmi la noblesse, tandis que les commissions ou les simples emplois étaient ouverts aux roturiers. Les principaux fonctionnaires étaient choisis par le souverain et devaient prêter serment. Ces offices pouvaient être héréditaires et, avec l'assentiment du roi, n'échappaient pas à la vénalité. TB

Richard Mique, Grand cabinet ou Cabinet doré. 1783.

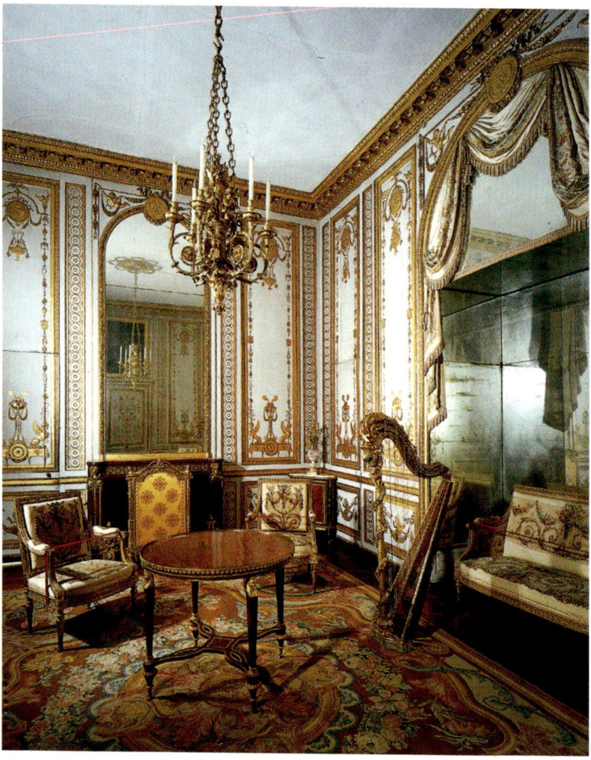

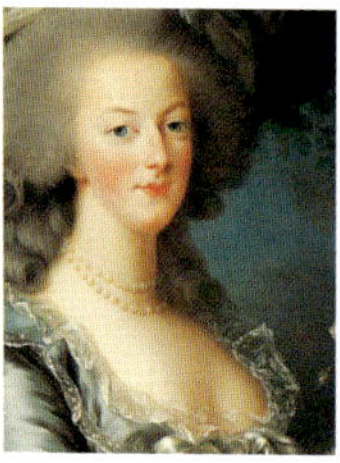

Élisabeth Vigée-Lebrun, *Marie-Antoinette* (détail), 1783. Petit Trianon.

Marie-Antoinette

C'est pour le mariage du Dauphin et de l'archiduchesse Marie Antoinette de Habsbourg-Lorraine, en mai 1770, que l'on inaugura la nouvelle salle d'opéra* construite par Gabriel. La future souveraine offrait avec son époux un contraste frappant. Plus que lui, elle contribua à l'affirmation du néoclassicisme* à Versailles ; sa vivacité et son goût des plaisirs rassemblèrent très vite autour d'elle une coterie composée des plus jeunes membres de la Cour* ; elle fut l'arbitre des élégances, lançant les modes, mais aussi une reine faisant et défaisant les ministères, contribuant ainsi au discrédit du gouvernement royal. Cette attitude la coupa progressivement de la Cour et se manifesta dans le château par l'aménagement d'appartements en retrait des pièces d'apparat, réservés à ses intimes, loin de tout protocole.

Elle fit tout d'abord décorer son appartement intérieur (Grand Cabinet, cabinet de la Méridienne, bibliothèque), puis modifier plusieurs pièces de son Grand* Appartement (suppression des lambris de marbre de Louis XIV* dans le salon des Nobles et l'antichambre du Grand* Couvert). Après la mort de Madame Victoire, en 1782, elle annexa son appartement au rez-de-chaussée. Au Petit Trianon, qu'elle reçut en cadeau du roi dès 1774, elle fit aménager le jardin anglais, puis fit poursuivre les travaux par la construction du Hameau, de 1783 à 1785, sous la direction de Richard Mique, auparavant architecte de la reine Marie Leszczynska*. Le goût du jeu* lui fit multiplier les salons de billard, à Trianon comme au château, et l'on projeta même une transformation radicale du salon de la Paix*, son salon des Jeux, à côté de sa chambre d'apparat. Devant le report des travaux de reconstruction du château, déjà projetés sous le règne précédent et à nouveau envisagés dans un concours d'architecture en 1780, la reine prit le parti de demander aux Menus-Plaisirs la construction de « maisons de bois », petits édifices temporaires décorés à grands frais et implantés, sans aucun égard, à proximité immédiate du bâtiment, afin d'abriter des salons pour le jeu ou le bal. La dernière de ces maisons édifiée pour le carnaval de 1787 allait être remontée à l'hôtel des Menus-Plaisirs en 1789 comme salle des séances pour les États généraux (voir Jeu de paume). AP

Marie-Thérèse

Marie-Thérèse d'Autriche (1638-1683) était la fille de Philippe IV d'Espagne et de sa première femme, Élisabeth de France. Son mariage avec Louis XIV*, qui fut célébré à Saint-Jean-de-Luz le 9 juin 1660, scellait le traité des Pyrénées (7 novembre 1659) entre la France et l'Espagne et ramenait la paix entre les deux pays. Comme portraitistes de la jeune femme, les Beaubrun succédaient à Velázquez. L'entrée solennelle du couple dans Paris, le 26 août, fut l'occasion de magnificences inégalées.

La nouvelle reine mit au monde six enfants*, trois filles et trois garçons, dont seul l'aîné, le Grand Dauphin Louis, né en 1661, parvint à l'âge adulte. La vie quotidienne de cette souveraine effacée reste mal connue, à l'exception de quelques détails comme sa façon de battre des mains le matin quand elle avait passé la nuit avec le roi, son goût pour le chocolat et sa passion pour le jeu*, sa piété, alimentée par les nombreuses maîtresses de son époux, ou son mauvais français. Elle vécut assez peu dans son splendide appartement de Versailles situé au midi, au premier étage du corps central, en symétrie de celui du roi.

Reine discrète sans ambition politique, elle sut tenir son rang et ses obligations ; c'est ainsi qu'elle accompagna Louis XIV dans plusieurs campagnes militaires, notamment dans les Flandres en 1667, au moment de la guerre de Dévolution où le roi prétendait faire valoir les droits successoraux de son épouse.

À sa mort, en 1683, Louis XIV aurait déclaré : « Voilà le premier chagrin qu'elle m'ait donné ! » TB

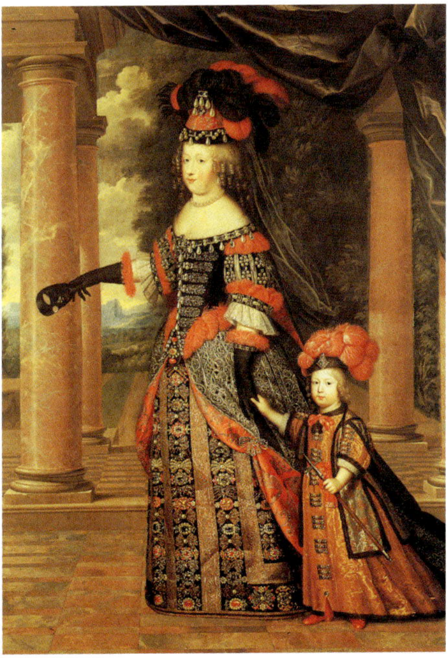

Charles et Henri Beaubrun et leur atelier, *Marie-Thérèse d'Autriche et le Grand Dauphin*. H/t 225 × 175 cm. Madrid, Prado.

5 Mars (Salon de)

Comme les autres plafonds du Grand* Appartement du roi, celui du Salon de Mars offre un parti ornemental italianisant révélant l'admiration que Le* Brun, ordonnateur du décor, vouait à des peintres tels qu'Annibal Carrache et Pierre de Cortone, dont il avait pu voir les créations au palais Farnèse à Rome ou dans les salles des Planètes au palais Pitti à Florence. Il leur emprunte cette compartimentation du plafond consistant à donner l'impression que plusieurs tableaux ont été plaqués sur la voûte avec leurs bordures (*quadri riportati*) sans tenir compte d'une stricte perspective plafonnante. Plusieurs artistes collaborèrent au plafond du salon de Mars, afin de célébrer sur un mode allégorique le rôle militaire du souverain (voir Symbolique royale).

Le compartiment central peint par Claude Ier Audran figure *Mars sur un char tiré par des loups, accompagné du génie de la Guerre et de l'Histoire écrivant sous la dictée de la Renommée.* La composition présente une perspective *di sotto* qui permet de voir le ventre des loups et la plante des pieds des enfants portant les armes du dieu guerrier. Les deux œuvres qui l'encadrent ne comportent pas le même effet illusionniste : à gauche, *La Victoire soutenue par Hercule avec l'Abondance et la Félicité* par Jean-Baptiste Jouvenet ; à droite, *La Terreur, la Crainte et l'Épouvante s'emparant des Puissances de la Terre* par René Antoine Houasse.

Les voussures, peuplées d'amours guerriers peints par Audran, sont rythmées de six médaillons en camaïeu d'or figurant les grands stratèges de l'Antiquité. L'on doit encore à Audran les épisodes mettant en scène *Jules César passant ses légions en revue* et *Démétrios Poliorcète prenant d'assaut une ville*, à Houasse ceux représentant *Alexandre Sévère dégradant un officier à la vue de son armée* et *Le Triomphe de Constantin*, et à Jouvenet ceux consacrés à *Marc Antoine faisant consul Albinus* et à *Cyrus haranguant ses troupes*. Autant d'exemples de valeur et de sagesse semblables à ceux que Louis XIV avait donnés dès qu'il avait pris

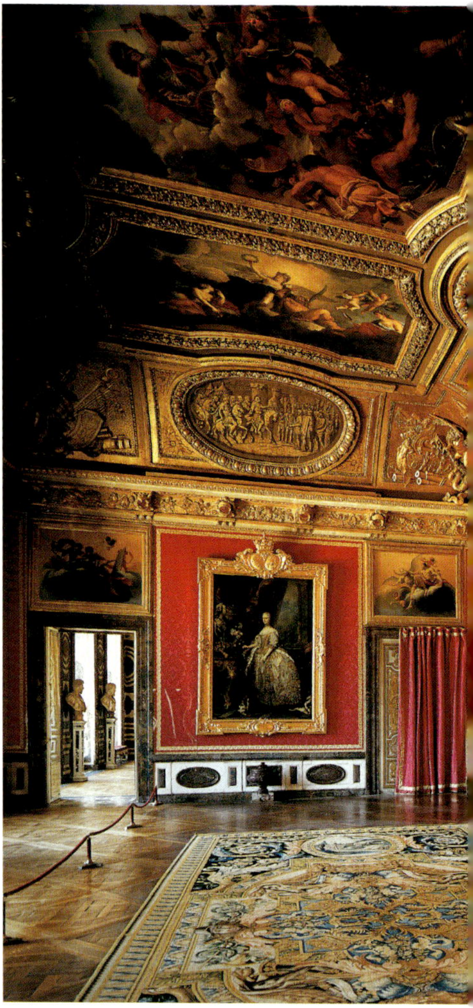

Salon de Mars.

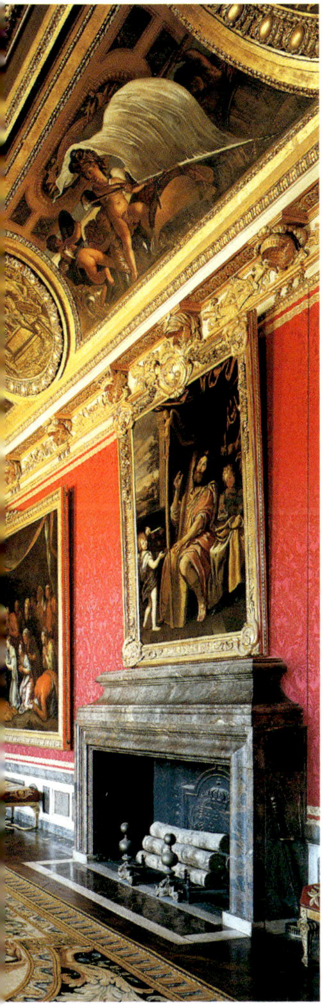

la conduite de ses armées. Sa magnanimité était aussi soulignée par le grand tableau de Le Brun figurant *Les Reines de Perse aux pieds d'Alexandre*. Présentée dans le salon à partir de 1682, l'œuvre y est à nouveau exposée. XS

Médaillier de Louis XVI

Le goût royal pour les médailles s'était déjà affirmé à Versailles par la commande d'un meuble somptueux à Gaudreaux en 1738, puis de deux encoignures à Joubert en 1755, pour le cabinet* d'angle du roi. De goût néoclassique*, ce petit médaillier, achat personnel de Louis XVI* peu de temps avant la chute de la monarchie*, porte l'estampille de Guillaume Benneman, ébéniste attitré du Garde-Meuble depuis le milieu des années 1780. Les noms de Thomire et Rémond ont été avancés pour les bronzes de ce cabinet, dont les faces s'ornent également de plaques de cire protégées par du mica, où sont incluses des compositions de plumes, d'ailes de papillons et de végétaux ; ce travail très particulier pourrait être l'œuvre du codirecteur de la manufacture de Sèvres, Jean-Jacques Hettlinger. Tous ces noms réunis autour d'un petit meuble précieux indiquent bien le rôle croissant des marchands-merciers (voir Mobilier) : le nom de Dominique Daguerre semble s'imposer ici. AP

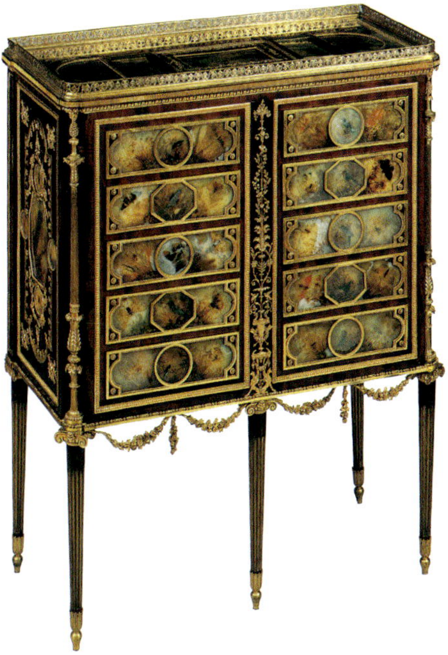

Guillaume Benneman, médaillier de Louis XVI, v. 1789. Cabinet de la Vaisselle d'or.

6 MERCURE (SALON DE)

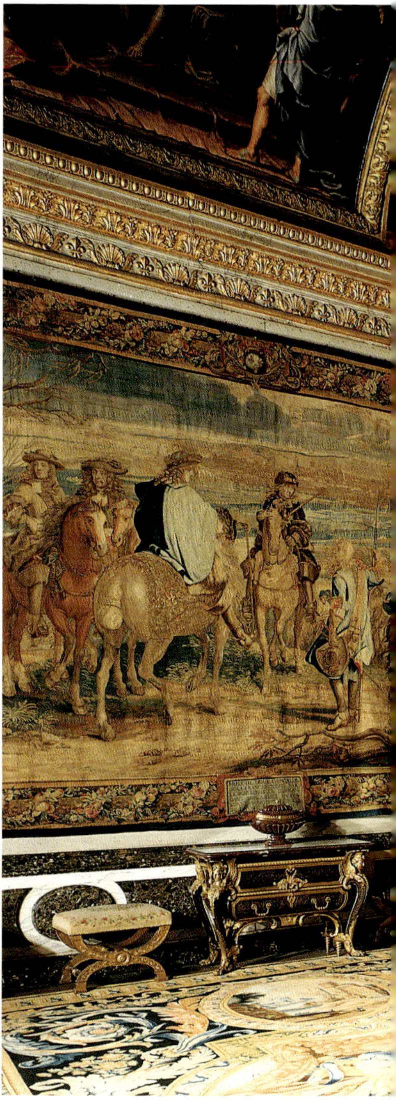

Sous le règne de Louis XIV*, le salon de Mercure, chambre* de parade appartenant au Grand* Appartement du roi, fut un lieu où l'on pouvait admirer certains des plus beaux tableaux des collections* royales. En été, on avait coutume de placer au-dessus de la cheminée la *Sainte Famille* de Raphaël et sur le mur opposé un autre chef-d'œuvre du peintre italien, figurant *Saint Michel*. En hiver, ces tableaux quittaient parfois la pièce et étaient remplacés par l'*Andromède* de Titien encadrée par une *Assomption* et un *Saint Sébastien* d'Annibal Carrache, accrochés tous trois face aux fenêtres. Sur les murs latéraux s'inscrivait un *Concert de musique*, que l'on croyait à l'époque du Dominiquin et qui depuis a été rendu à Lionello Spada. Sur le mur de la cheminée se trouvaient aussi deux œuvres de Titien, *La Mise au tombeau* et *Les Pèlerins d'Emmaüs*. Les dessus-de-porte comprenaient des portraits de Marie de Médicis par Van Dyck et de Marie-Anne de Hongrie par Rubens. Presque tous ces tableaux ont aujourd'hui gagné le musée du Louvre. Du décor pictural, seul subsiste le plafond commandé à Jean-Baptiste de Champaigne en 1672. Au centre, Mercure apparaît sur son char tiré par deux coqs, précédé par l'Étoile du matin et accompagné des Arts et des Sciences. Aux voussures, les épisodes figurant *Alexandre et Calanus recevant une ambassade*, *Ptolémée*

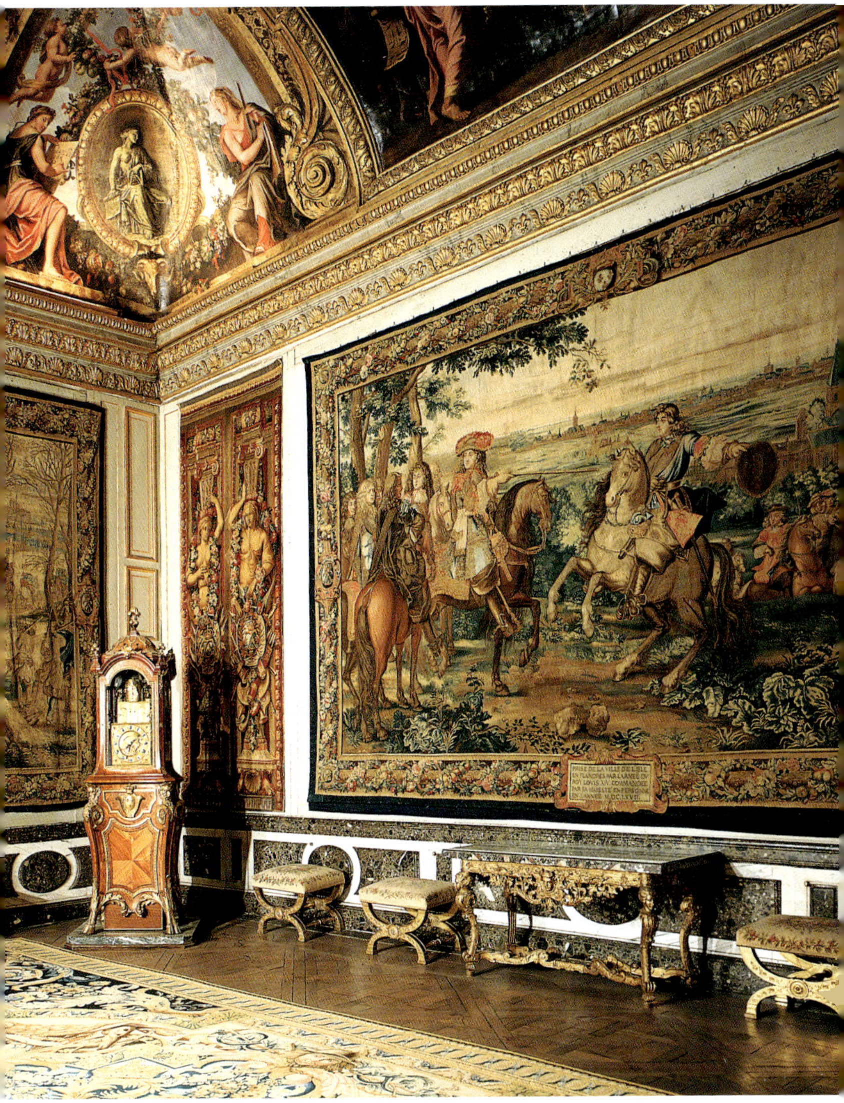

Philadelphe s'entretenant avec des savants, Auguste recevant une ambassade d'Indiens et Alexandre faisant apporter à Aristote des animaux étrangers pour qu'il en écrive l'histoire rendent à nouveau hommage au souverain.

Du mobilier* qui comprenait un lit et plusieurs pièces d'argent rien ne subsiste, hormis l'horloge offerte à Louis XIV en 1706 par Antoine Morand. Le haut de sa caisse en marqueterie et bronzes dorés est garni de vitres sur ses quatre faces, laissant apparaître des automates. Autrefois, une petite statue en pied du roi apparaissait et, au son d'un carillon, la Renommée émergeait des nuées et venait la couronner tandis que le coq et l'aigle battaient des ailes. XS

44 Méridienne (Cabinet de la)

Situé à l'arrière de l'alcôve de la chambre de la Reine, ce cabinet – ainsi nommé parce que la reine s'y reposait à la mi-journée – est caractéristique des nombreuses petites pièces que les souverains se firent aménager au XVIIIe siècle à proximité de leurs Grands* Appartements afin d'échapper au cérémonial de la vie de cour* et bénéficier d'un peu d'intimité.

Tout d'abord oratoire de Marie-Adélaïde de Savoie, duchesse de Bourgogne, puis de Marie Leszczynska*, le cabinet fut transformé en « pièce à pans » lors de la campagne de travaux de 1746-1748, et porta dès lors le nom que nous lui connaissons aujourd'hui.

Il fut détruit en 1770, après la mort de la souveraine, afin de construire un escalier permettant à la Dauphine Marie-Antoinette* d'accéder à l'appartement de son mari, situé au rez-de-chaussée. Devenue reine, elle demanda à son premier architecte Richard Mique, en 1781, peu avant la naissance tant espérée de son premier fils, Dauphin de France, de rétablir à cet emplacement une nouvelle Méridienne, typique de la simplicité raffinée du néoclassicisme*.

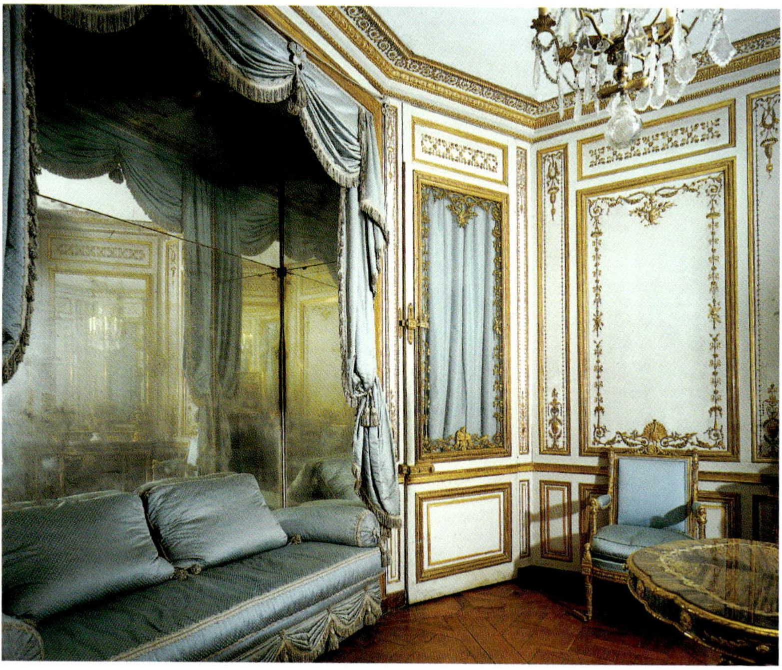

Cabinet de la Méridienne.

Le plan octogonal de la pièce répondait à des critères tant esthétiques que pratiques, puisqu'il permettait de passer de la chambre de la reine à la bibliothèque sans traverser la Méridienne, « Sa Majesté désirant être seule quand elle le jugera à propos sans gêner son service et sans en être gênée ». Pour donner au cabinet la luminosité qu'y exigeait la reine, Mique créa une alcôve tapissée de glaces encadrée de deux portes vitrées répondant aux miroirs situés sur les pans opposés. Célébrant l'amour conjugal unissant les souverains et annonçant la future naissance, les ornements décoratifs des lambris sculptés par les frères Rousseau* ou des bronzes ciselés et dorés de Forestier ornant les portes vitrées, mêlent les roses aux cœurs percés de flèches, associent la quenouille au paon, l'aigle à la massue d'Hercule et au miroir d'Omphale, et multiplient le motif du Dauphin. Avant que le meuble de satin blanc brodé voulu par Marie-Antoinette fût livré, à l'automne 1781, la Méridienne fut ornée d'une grenadine bleu glacé. Depuis 1955, celle-ci drape à nouveau la pièce et couvre les deux fauteuils aux accoudoirs sculptés de bichons et de sphinges livrés par Georges Jacob pour le lieu, ainsi que les trois chaises provenant du boudoir turc du comte d'Artois au palais du Temple. Quant à la table au plateau de bois pétrifié monté par Mathias Josef Domanöck à Vienne en 1770, elle fut offerte à Marie-Antoinette par sa sœur. XS

Mignard (Pierre)

Pierre Mignard (1612-1695), né à Troyes, se forma à Bourges avant d'entrer chez Simon Vouet à Paris. À Rome, où il séjourna à partir de 1635, il fut marqué par les Bolonais et exécuta des *Vierges* dites « mignardes » en raison de leur délicatesse. Il revint à Paris en 1657 et, dès 1660, il travailla pour Louis XIV* dont il fit un portrait. Il était dès lors lancé et exécuta les effigies de tous ceux qui comptaient dans la capitale. Toutefois, l'œuvre dominante de cette période demeure la fresque de la coupole du Val-de-Grâce (1663), qui lui fut commandée par la reine mère. Sa rivalité avec Le* Brun le conduisit à refuser de siéger à l'Académie de peinture ; fait exceptionnel, cela ne l'empêcha pas d'avoir des commandes importantes de la famille royale : en 1677-1680, il travailla à la galerie de Saint-Cloud pour Philippe d'Orléans ; en 1683, il exécuta à Versailles un cabinet pour Monseigneur avant de réaliser en 1685 le plafond de la Petite Galerie*. Après la mort de Colbert*, en 1683, et grâce au soutien de Louvois, il supplanta progressivement Le Brun auquel il devait succéder dans toutes ses charges, à la surintendance des Bâtiments comme à l'Académie. Ses œuvres, peintures d'histoire ou portraits, se caractérisent par une facture lisse, souple et délicate qui resta imprégnée des impressions de jeunesse en Italie. TB

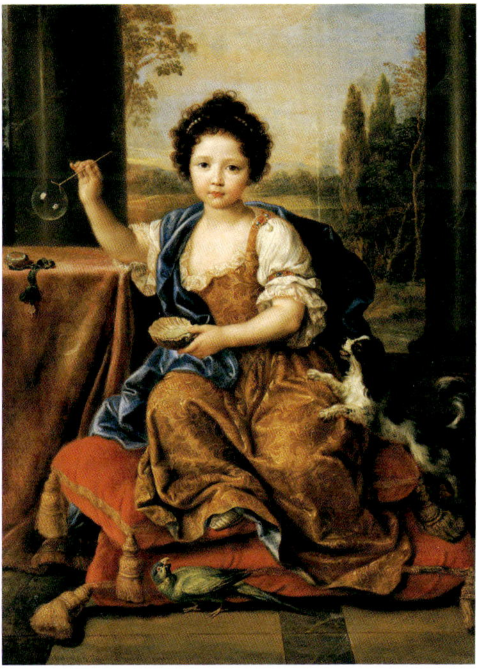

Pierre Mignard, *Melle de Tours faisant des bulles de savon*, v. 1686. H/t 130 × 96. cm Salles du XVIIe siècle.

Mobilier

Le Garde-Meuble de la Couronne, institué en 1663, avait pour rôle de veiller aux commandes et livraisons de mobilier pour les résidences royales, mais aussi d'en tenir un inventaire précis ; le titre de « fournisseur du Garde-Meuble », attribué à un seul ébéniste (au XVIIIe siècle, successivement à Gaudreaux, Joubert et Riesener*), n'impliquait nullement un monopole exclusif, mais assurait toutefois une quantité importante de commandes à son détenteur.

Durant tout le XVIIIe siècle, l'administration veilla à un renouvellement régulier du mobilier dicté par un goût croissant du confort et la spécialisation de chaque pièce des appartements, donc du mobilier les garnissant. L'une des fonctions de ce grand chantier* permanent qu'était Versailles étant d'assurer à la fois une vitrine et une clientèle aux métiers d'un luxe que ne réprouvait aucune morale, il fallut attendre la fin du XVIIIe siècle pour voir des préoccupations d'économie présider aux choix du Garde-Meuble.

La profession de menuisier-ébéniste était régie par les lois strictes d'une corporation d'Ancien Régime, lois qui souffraient cependant nombre d'exceptions, permettant ainsi à de nombreux artisans étrangers de venir s'établir à Paris. La corporation se dota de nouveaux statuts adoptés définitivement en 1751, imposant la frappe d'une estampille et le contrôle par la jurande de la corporation. Parfois en conflit avec les précédents, les marchands-merciers virent leur rôle s'accroître au fil des années ; de simples revendeurs de mobilier, ils devinrent de véritables créateurs dirigeant des équipes de dessinateurs, d'ébénistes, de bronziers ; l'importance de leur commerce leur permettait également de se procurer à l'étranger certains éléments (pierres dures, panneaux de laque) qu'ils faisaient ensuite monter par les artisans qui travaillaient pour eux. Rares étaient les ébénistes échappant à leur tutelle et réussissant à faire connaître leur nom. AP

Gilles Joubert, encoignure, 1755. Cabinet d'angle.

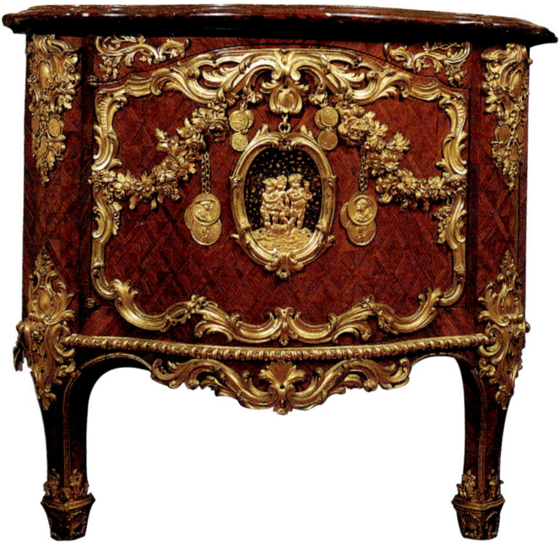

Monarchie absolue

Le terme de monarchie absolue, qu'il ne faut pas confondre avec celui de monarchie de droit divin, ne saurait être synonyme de tyrannie, de despotisme, voire de dictature.
Ayant aujourd'hui une valeur nettement dépréciative, le concept était défendu et légitimé, sous l'Ancien Régime, tant par les juristes comme Pierre Bayle que par les théologiens comme Bossuet.
Il tire son origine dans la conviction que le pouvoir royal émane de la volonté ordonnatrice de Dieu, mais il ne s'agit pas pour autant d'un pouvoir absolu sans limites. Il est en effet borné par de nombreuses règles morales et pratiques, et le monarque doit respecter les lois divines (les Dix Commandements), les lois fondamentales du royaume, qui placent l'État au-dessus de la personne royale, ainsi que les lois naturelles (celles de l'homme, et non de Dieu), en privilégiant raison et justice dans ses décisions ; par ailleurs, la soumission du peuple à l'autorité souveraine se marque d'abord par l'obéissance aux lois du royaume que publient les parlements.
Ainsi, pour reprendre un vocabulaire moderne, la monarchie absolue est davantage une concentration exorbitante des pouvoirs dans les mains d'une seule personne que l'exercice d'une autorité sans limites. TB

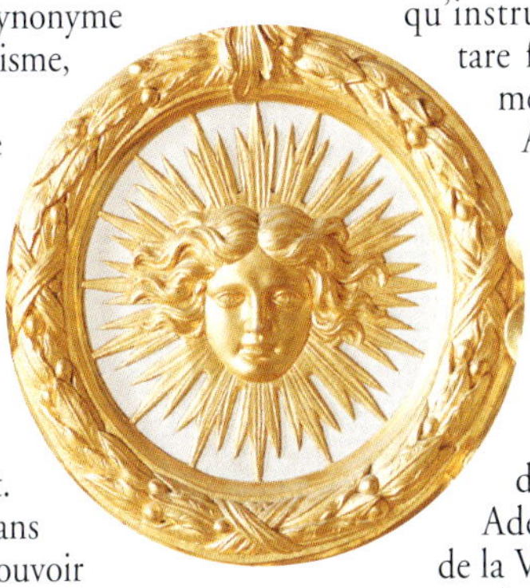

Salon de Vénus, détail d'un vantail de porte.

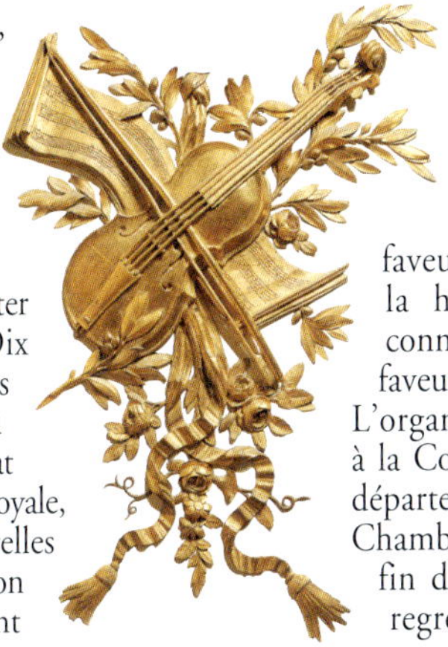

Cabinet de la Vaisselle d'or, détail d'une boiserie dessinée par Gabriel.

Musique et musiciens

La musique tint à Versailles une place considérable. En digne fils de Louis XIII* (qui signa quelques compositions), Louis XIV* partagea avec son frère un goût très vif pour cet art, qu'il pratiquait en tant qu'instrumentiste ; la guitare fut l'un de ses instruments de prédilection.
Au XVIIIe siècle, les filles de Louis XV* se livrèrent à cette passion ; en témoignent les trophées musicaux des boiseries du grand cabinet de Madame Victoire et du cabinet de Madame Adélaïde (ancien cabinet de la Vaisselle* d'or), ou bien le portrait, par Nattier*, de Madame Henriette jouant de la basse de viole (ill. p. 18). On sait aussi que la reine Marie-Antoinette*, qui usa de son pouvoir en faveur de Gluck, pratiquait la harpe, instrument qui connaissait alors une grande faveur.
L'organisation de la musique à la Cour* était confiée à trois départements : la Chapelle, la Chambre et l'Écurie, qui, à la fin du règne de Louis XIV, regroupaient près de deux cents musiciens. Quand besoin était, certains chanteurs de la Chambre pouvaient se produire à la Chapelle, ou certains instrumentistes de l'Écurie venir renforcer les effectifs de la Chambre. Les deux ensembles des « vingt-quatre violons du roi » et la bande des « petits violons » étaient essentiellement employés lors des bals. Quelques grands noms sont attachés à Versailles : Delalande ou Couperin à la Chapelle, Marin Marais ou Robert de Visée à la Chambre ; fréquemment, des dynasties familiales se constituaient à ces postes. AP

Nattier (Jean-Marc)

Si l'on en croit sa fille, Nattier (1685-1766) devint le peintre de la famille royale grâce aux portraits qu'il exécuta en 1740 des deux sœurs cadettes de la comtesse de Mailly, maîtresse de Louis XV*, *Madame de La Tournelle* et *Madame de Flavacourt*. La reine, frappée de leur parfaite ressemblance, avait ordonné sur-le-champ que leur auteur commençât le portrait de sa seconde fille, Madame Henriette. Le succès de celui que la critique s'accordait à reconnaître comme le peintre des grâces dont le pinceau était conduit par l'amour, ne devait plus jamais faillir : désormais, la famille royale lui passa régulièrement des commandes.

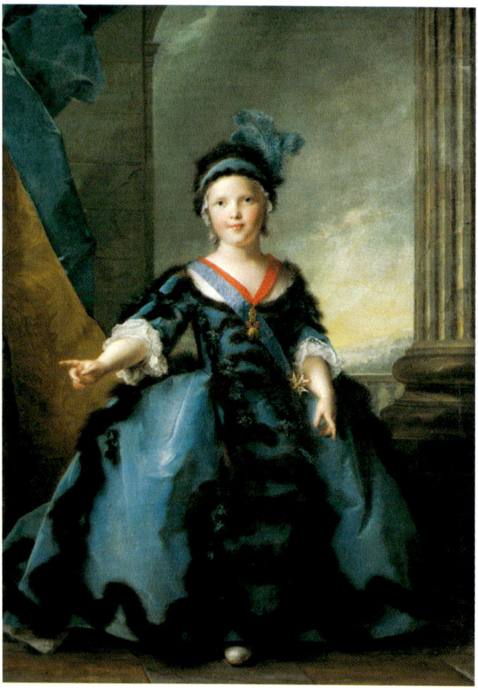

Jean-Marc Nattier, *Le Duc de Bourgogne*, 1754-1756. H/t 130 × 97 cm. Seconde antichambre du Dauphin.

Le portrait de *Madame Henriette en Flore* (1742) vint prendre place dans le cabinet de l'appartement intérieur de la reine, le travestissement mythologique faisant écho au décor des lambris dont les moulures étaient taillées de fleurs peintes en coloris au naturel.

Les portraits constituaient un élément majeur du décor pictural des appartements* privés des membres de la famille royale. Ainsi, en mère affectueuse, et sans doute aussi parce qu'elle voyait peu ses enfants, dont l'éducation lui échappait, Marie Leszczynska* s'était entourée à Versailles des images de ses filles et de son fils le Dauphin, pour la plupart peintes par Nattier. En 1745, Louis XV avait fait placer dans sa chambre à Choisy des répliques des portraits de *Madame Henriette en Flore* et de *Madame Adélaïde en Diane*, tous deux dus à Nattier. En 1748, il avait offert à son épouse les portraits de ses filles, Victoire, Sophie et Louise, peints secrètement à Fontevrault, abbaye où les princesses avaient été envoyées pour leur éducation (voir Enfants de France). La même année, l'artiste avait exécuté le célèbre portrait figurant la reine en costume de ville. L'accord chromatique du rouge et du noir en soulignait le caractère profondément humain. En janvier 1750, le Dauphin sollicitait du peintre quatre tableaux figurant ses sœurs sous la figure des quatre éléments afin de les placer en dessus-de-porte dans son grand cabinet (São Paulo, musée d'Art). Les portraits de Nattier étaient si appréciés qu'ils suivirent bien souvent leurs commanditaires respectifs au gré de leurs déménagements, que ce fût au sein du palais ou vers d'autres résidences (tel le château de Bellevue). Pour l'essentiel, ces œuvres appartiennent aujourd'hui aux collections du château de Versailles. XS

Cabinet doré, détail d'un panneau de lambris sculpté par les frères Rousseau d'après Richard Mique.

NÉOCLASSICISME
De Gabriel au style Marie-Antoinette

Rejetant les maniérismes du style rocaille* (voir la *Supplication aux orfèvres, ciseleurs et sculpteurs sur bois* de Cochin en 1754), la réaction néoclassique qui se fait jour en Europe dans les années 1750-1760 se fonde sur le retour à l'antique (stimulé par les découvertes archéologiques d'Herculanum et de Pompéi) et la restauration du « naturel ». À Versailles, son premier représentant d'importance est Jacques Ange Gabriel (1698-1782). Nommé premier architecte du roi en 1742, il est à l'origine de nombreux réaménagements du château. Le Petit Trianon, construit pour l'essentiel entre 1762 et 1764, s'inscrit dans la tradition du classicisme* français. Le retour à l'antique que l'on y observe, tant par l'ordonnance que par les motifs décoratifs, au lieu d'être dogmatique comme il devait l'être chez certains architectes, est ici un raffinement supplémentaire, élégant, sobre et discret.

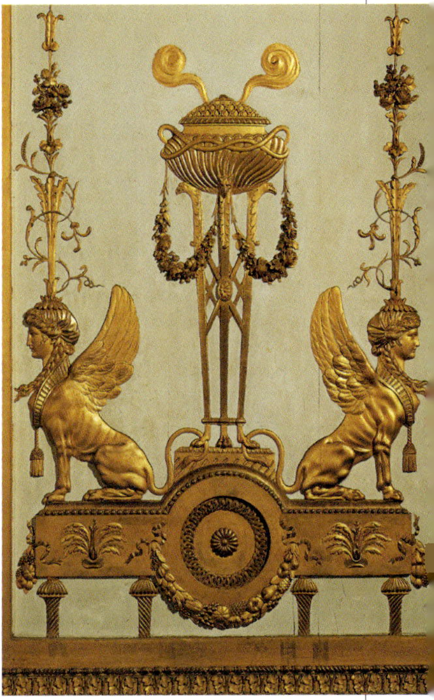

À deux reprises, en 1741 puis 1759, Gabriel soumit au roi un projet de reconstruction du château côté cour. Louis XV devait finalement céder aux instances de son architecte : outre que la dissonance entre le pavillon brique et pierre et les bâtiments classiques avait toujours choqué les contemporains, le manque de place se faisait sentir et il était devenu nécessaire de démolir l'escalier des Ambassadeurs* afin de réorganiser les appartements* intérieurs. La nouvelle aile fut réalisée entre 1771 et 1774. Toutefois, les difficultés financières imposèrent d'abord le ralentissement puis l'arrêt complet du chantier* et la campagne de décoration de 1776 ne fut jamais menée à bien. L'escalier lui-même ne fut construit (sans l'ornementation) qu'au début des années 1980 !
L'Opéra*, auquel collabora le sculpteur néoclassique Pajou, sera achevé en quatre ans (1766-1770). On y retrouve le goût néogrec des colonnes dégagées du mur. Mais c'est sous le règne de Louis XVI que la simplification des formes et la tendance aux teintes claires s'imposèrent définitivement. Si le roi ne se désintéressait pas autant qu'on l'a dit à ce mouvement des arts (voir Médaillier et Bibliothèque), c'est toutefois Marie-Antoinette* qui mit le plus d'ardeur à la réforme du vieux goût. À Verberckt* succédèrent les Rousseau*. De nouveaux ébénistes, souvent d'origine germanique, introduisirent des lignes épurées tout en évitant l'austérité (voir Serre-bijoux). Les maîtres du mobilier* ont noms Leleu, Riesener*, Carlin, Weisweiler, Benneman, Jacob, etc. Le raffinement des cabinets de Marie-Antoinette est le meilleur indicateur du nouvel art. Plus que la Méridienne*, c'est le cabinet intérieur ou cabinet doré qui fixe la réinterprétation des motifs antiques (sphynx, palmettes, cassolettes, etc.), due ici à Mique et aux frères Rousseau. TB

Nocret (Jean)

L'œuvre de Jean Nocret (v. 1617-1672), portraitiste et décorateur, a pour l'essentiel disparu. Son portrait de groupe représentant *La Famille royale* est le plus ambitieux qui nous soit parvenu. Il témoigne admirablement du style galant, raffiné, voire précieux de l'artiste, qui n'eut pas le naturel d'un Mignard*, comme de la culture des modèles. Les deux branches de la maison royale sont ici réunies : la famille de Louis XIV*, représenté en Apollon, et celle de Philippe d'Orléans, son frère cadet. Pour marquer la prééminence de l'aîné, le souverain est installé sur un piédestal et protégé par un dais. Au centre de la toile, Anne d'Autriche fait le lien entre ses deux fils. L'assemblée est complétée par d'autres membres de la famille, parmi lesquels la Grande Mademoiselle, ses demi-sœurs et une tante de Louis XIV.

Cette toile semble avoir été exécutée en 1670 pour Saint-Cloud, résidence de Monsieur, dont Nocret était le premier peintre. À cette date, plusieurs des modèles étaient décédés et l'artiste dut avoir recours à des portraits antérieurs : certains, comme les enfants du premier plan, sont figurés dans un cadre, à la différence d'autres personnages comme Anne d'Autriche, sans doute pour ne pas nuire à la cohérence de la mise en page. TB

Jean Nocret, *La Famille royale*, 1670. H/t 298 × 419 cm. Antichambre de l'Œil-de-Bœuf.

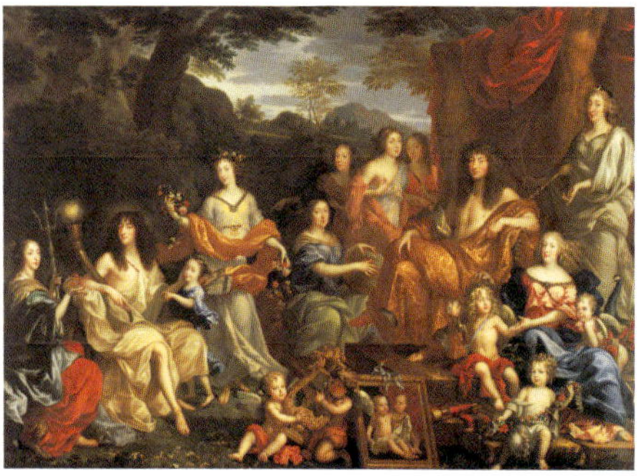

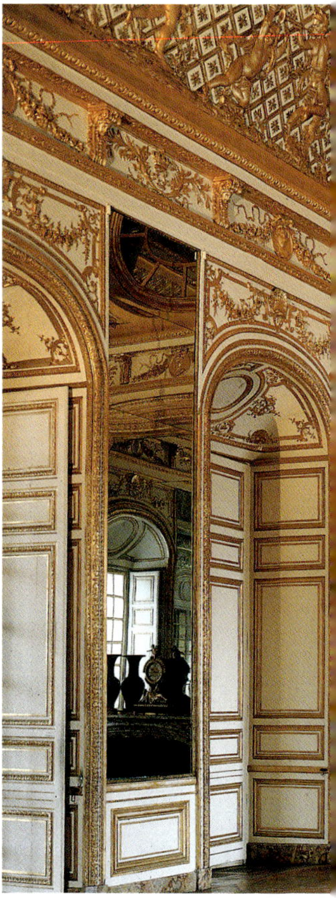

19 Œil-de-Bœuf (Antichambre de l')

Lorsque la chambre* du Roi fut transférée en 1701 dans l'axe central du château, l'ancienne chambre de Louis XIV* et le salon des Bassans (orné de tableaux de ces maîtres italiens) furent réunis en une seule grande pièce dont la voûte fut surélevée et percée d'un œil-de-bœuf donnant au midi sur la cour intérieure de la Reine. C'est dans cette antichambre que les courtisans avaient coutume d'attendre avant les céré-

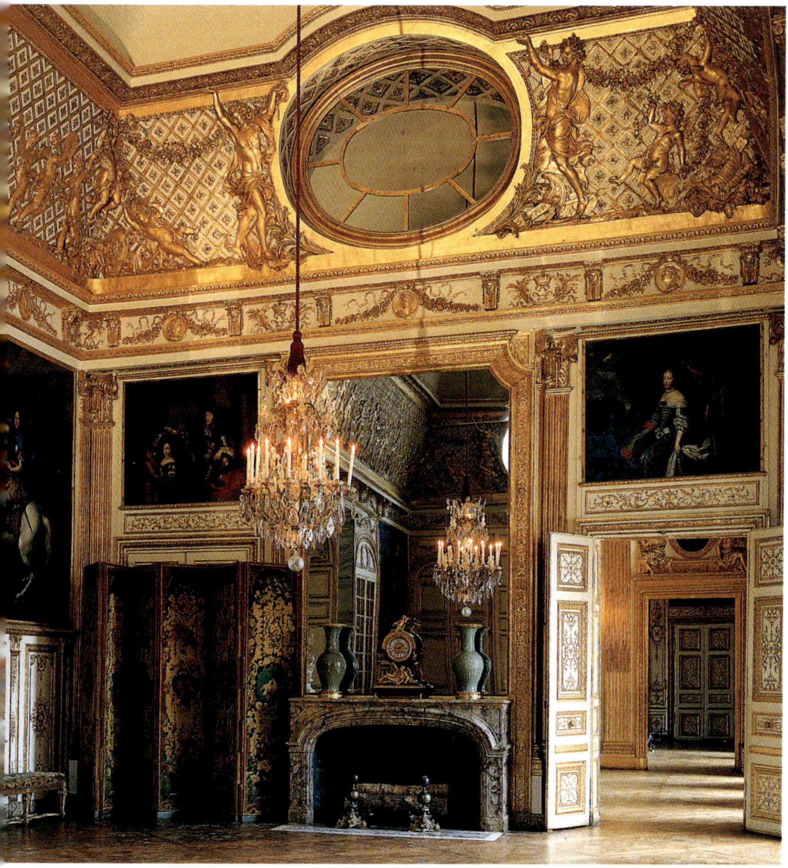

Antichambre de l'Œil-de-Bœuf.

monies du lever et du coucher (voir Journée du roi).

Sa décoration est tout à fait novatrice et illustre merveilleusement l'inflexion du goût de Louis XIV à la fin de son règne. Au décor de marbre, on a en effet préféré celui des boiseries blanc et or dans lesquelles étaient encastrés plusieurs tableaux de Véronèse, aujourd'hui remplacés par des portraits de la famille royale dus à Jean Nocret*, Pierre Mignard* ou François de Troy. Sculptés par Pierre Taupin, Jules Dugoullon et André Le Goupil, les lambris offrent un parti ornemental encore symétrique mais s'ornent aussi de coquilles, de festons de fleurs et de filets de table chantournés enrichis d'éléments végétaux qui seront caractéristiques du vocabulaire décoratif rocaille*. À l'attique de la voûte, Jean Hardy, Jean-Baptiste Poultier, Claude Poirier, Corneille Van Clève, Simon Hurtrelle et Anselme Flamen ont créé l'un des chefs-d'œuvre de la sculpture ornementale à Versailles. Les jeux d'enfants se détachant sur un fond mosaïqué à motif de quartefeuilles annoncent l'art du XVIIIe siècle. À leur sujet, Pierre de Nolhac, conservateur du musée, avait écrit que l'art louis-quatorzien semblait ici rajeunir. XS

OPÉRA ROYAL

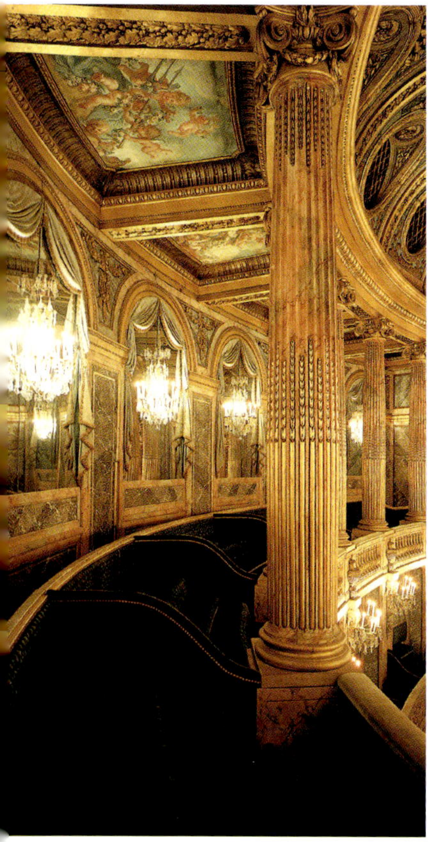

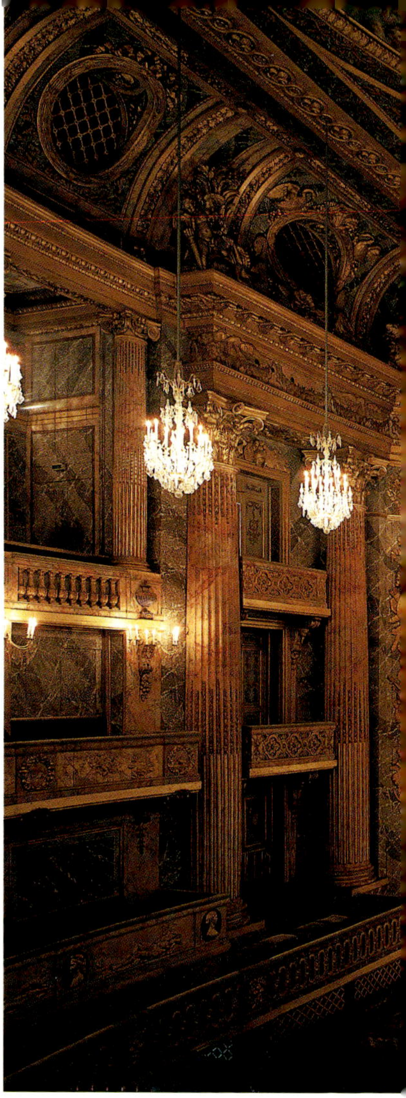

Après les grandes fêtes des débuts de Versailles qui avaient le parc et ses fabriques pour cadre, le besoin d'une salle définitive n'avait cessé de se faire sentir pour l'opéra et le ballet ; divers palliatifs avaient été trouvés, notamment l'utilisation d'installations mobiles dans le manège de la Grande Écurie. Au château lui-même, l'extrémité de l'aile du Nord avait été destinée dès sa construction* à l'aménagement d'une salle ; ce site offrait le double avantage de la dénivellation du terrain, permettant d'utiliser le sous-sol pour les besoins de la machinerie de la scène, et la proximité des grands réservoirs, précieuse en cas d'incendie.

Mansart en avait commencé la construction, sur un projet de Vigarani, mais elle ne fut finalement décidée qu'en 1768 et menée à bien en moins de deux ans par Jacques Ange Gabriel. La sculpture décorative dans son ensemble est l'œuvre de l'atelier de Pajou, éminent représentant de la sculpture néoclassique*. Très sobre, son intervention est surtout sensible au niveau des

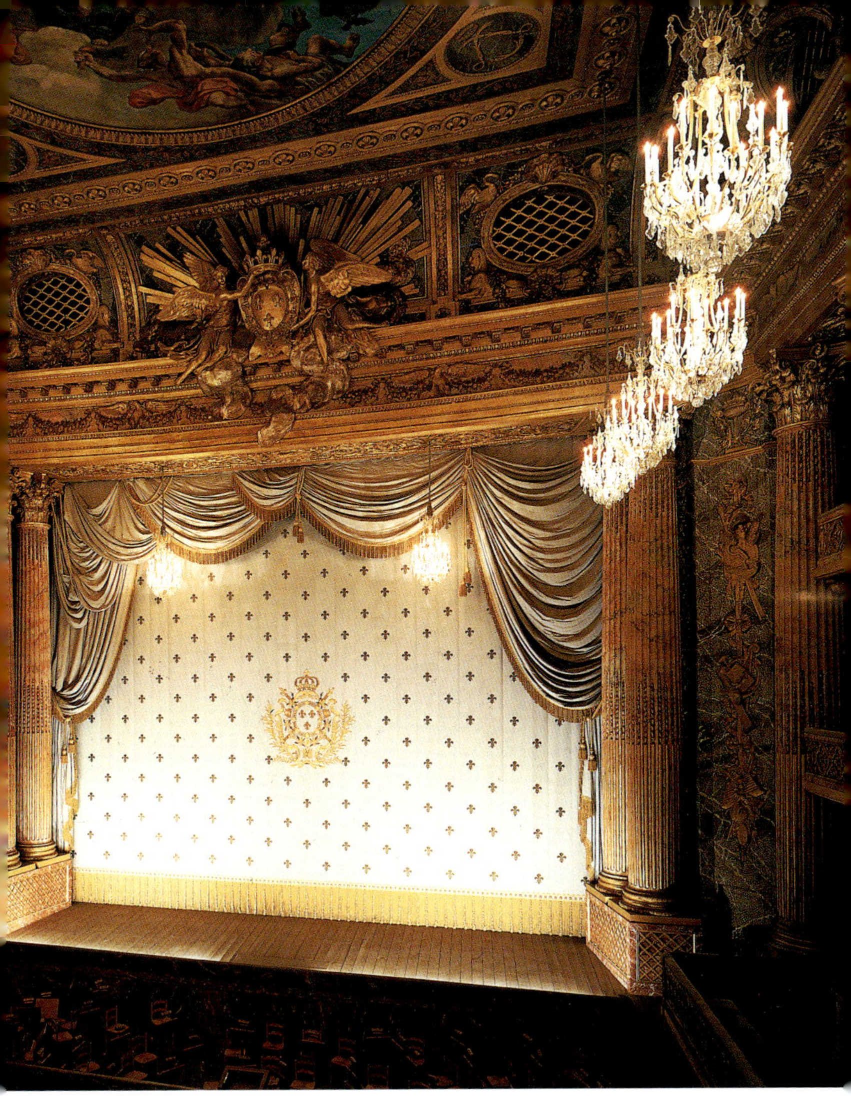

balcons ornés de *putti*, de signes du zodiaque et de divinités. L'inauguration eut lieu à l'occasion des fêtes du mariage du Dauphin et de l'archiduchesse Marie-Antoinette d'Autriche, le 16 mai 1770 ; trois jours plus tard fut organisé un « bal paré », au cours duquel on étrenna le dispositif dû au mécanicien Arnoult permettant de hausser le plancher de la salle au niveau de la scène.

La dernière manifestation qui s'y tint en présence de la Cour* fut un banquet des Gardes du corps ; les manifestations de fidélité aux personnes du roi et de la reine qui s'y exprimèrent fournirent le motif de la marche des Parisiens sur Versailles, aboutissant au départ de la famille royale le 6 octobre 1789 (voir Révolution). Le lieu fut utilisé comme salle des séances de l'Assemblée nationale, lors de l'installation du gouvernement provisoire à Versailles ; depuis le règne de Louis-Philippe*, ses murs avaient déjà pris une couleur rouge sombre, qu'ils ne perdirent que lors de la spectaculaire restauration* des années 1950, avec laquelle réapparurent les teintes originelles, bleues et roses. AP

10 Paix (Salon de la)

Situé à l'angle sud-ouest du corps central, le salon de la Paix fut aménagé en même temps que la galerie* des Glaces. Par sa riche ornementation de miroirs, de marbres et de trophées de bronze doré, il constitue avec la galerie et le salon de la Guerre* un ensemble décoratif d'une grande homogénéité. La coupole et les voussures, peintes par Le* Brun, s'affirment par leurs sujets comme la conclusion du cycle historié de la voûte de la galerie. La France victorieuse, assise sur un char tiré par quatre tourterelles symbolisant les récentes unions matrimoniales avec la Bavière et l'Espagne, offre un rameau d'olivier aux puissances qui s'étaient unies contre elle. La Paix et l'Hyménée l'accompagnent, la Gloire la couronne du cercle de l'immortalité, la Magnificence lui présente des plans d'édifices. Tout autour, l'Allemagne, l'Espagne et la Hollande retrouvent le bonheur de la paix, tandis que l'Europe chrétienne foule au pied les armes, favorisant ainsi la Justice, la Piété et les Arts.

À partir de 1710, après que l'arcade la séparant de la galerie eut été fermée d'une paroi mobile, la pièce fit partie intégrante du Grand* Appartement de la reine en devenant son salon des Jeux. En 1729, François Lemoyne peignit la grande composition ovale se trouvant toujours au-dessus de la cheminée. Par le sujet choisi, *Louis XV donnant la paix à l'Europe*, le peintre rendait hommage à son illustre prédécesseur Le Brun. XS

Salon de la Paix.

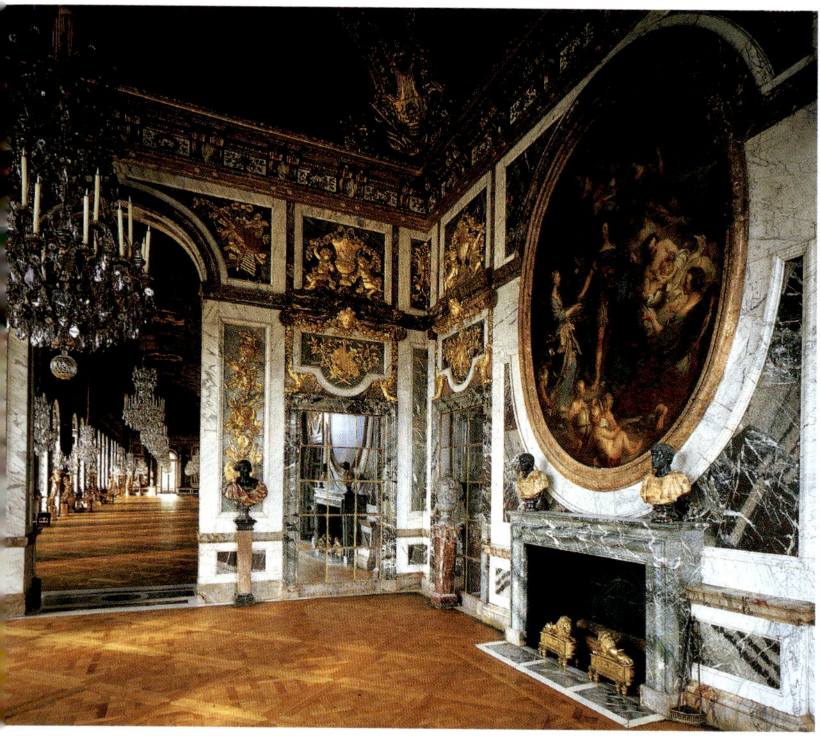

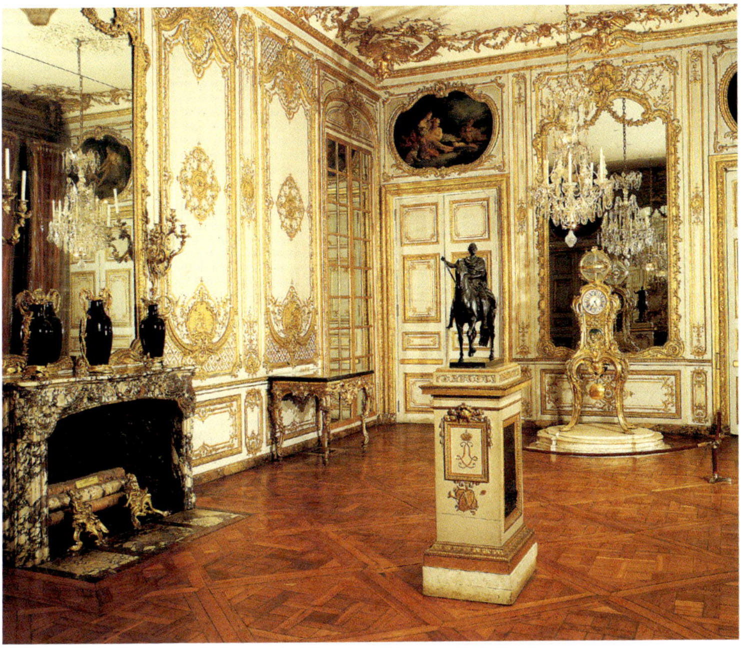

24 Pendule (Cabinet de la)

Jouxtant la nouvelle chambre* de Louis XV*, puis de Louis XVI*, le cabinet de la Pendule constitue l'une des principales pièces de l'appartement* intérieur du roi.

Résultant de la réunion en 1738 du salon du Petit Escalier du roi et du cabinet des Tableaux, où Louis XIV* présentait par roulement les chefs-d'œuvre de ses collections* de peinture, la pièce telle qu'on peut l'admirer aujourd'hui offre l'aspect qu'elle avait en 1760. En effet, à cette date, la cloison cintrée qui la fermait à l'est et qui s'ornait d'une porte centrale encadrée de panneaux indiquant le lever et le coucher du Soleil et de la Lune, fut remplacée par un trumeau de glaces entouré de deux portes ; c'est là que vint prendre place la célèbre pendule astronomique inventée par l'ingénieur Claude Siméon Passemant et exécutée par l'horloger Dauthiau. Présentée à l'Académie des sciences à Paris le 23 avril 1749 puis au roi à Choisy le 7 septembre 1750, elle avait été installée en janvier 1754 à l'autre extrémité de la pièce, près de la ligne de cuivre incrustée dans le parquet figurant le méridien de Versailles, soit approximativement à l'emplacement qu'occupe à présent le baromètre de Lemaire livré à Louis XVI en 1774. Par ses courbes et contre-courbes, la boîte de bronze doré de la pendule, exécutée par Jacques Caffieri et son fils, constitue un complément idéal aux lambris sculptés de la pièce. Dus à Jacques Verberckt* et à son atelier, ces derniers sont parmi les plus représentatifs du goût rocaille* français. Amours, dragons et passereaux en animent les cartouches et les entrelacs végétaux en une asymétrie factice empreinte de grâce et de légèreté. XS

Cabinet de la Pendule.

Page suivante : Jean-François de Troy, *Le Déjeuner d'huîtres*, 1735. H/t 180 × 126 cm. Chantilly, musée Condé.

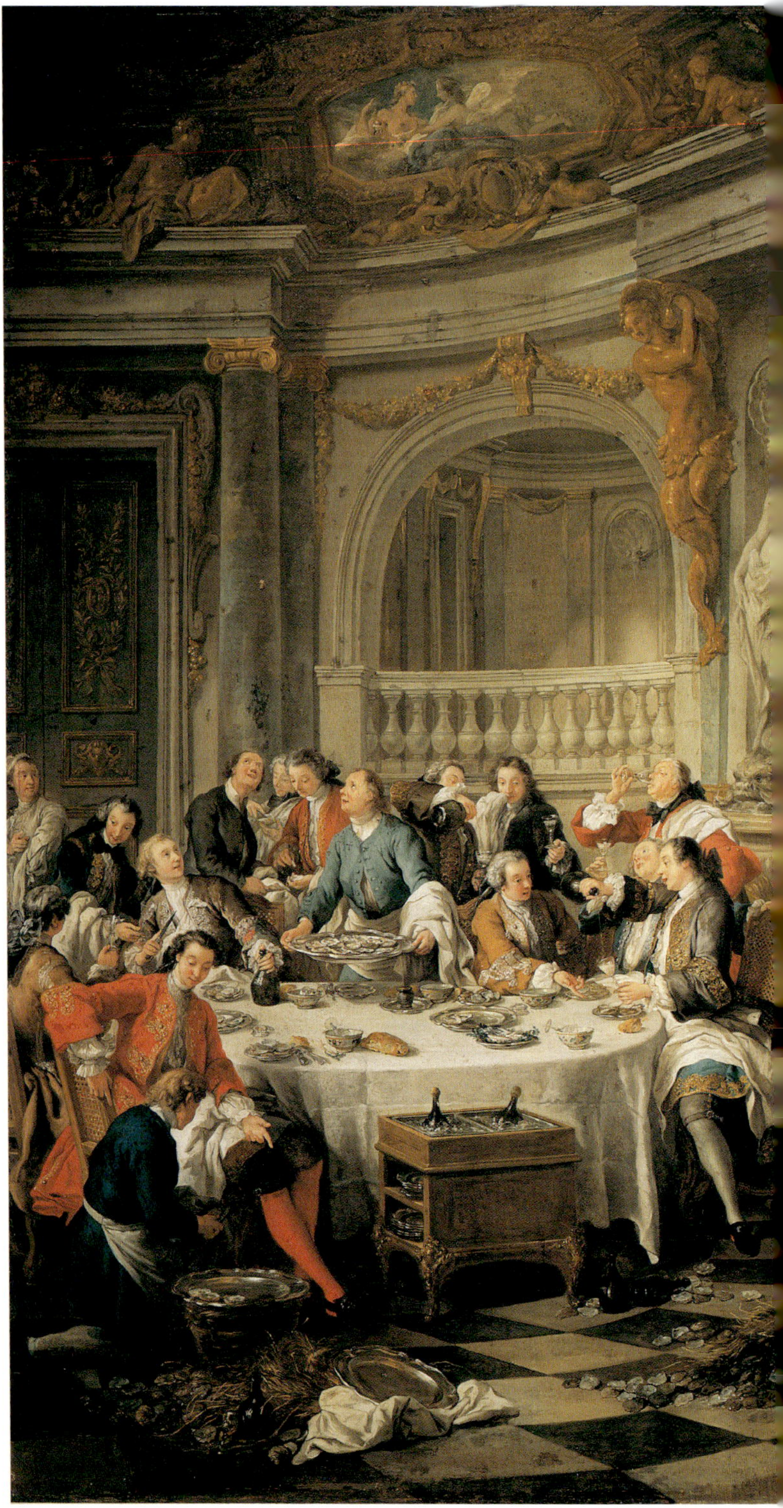

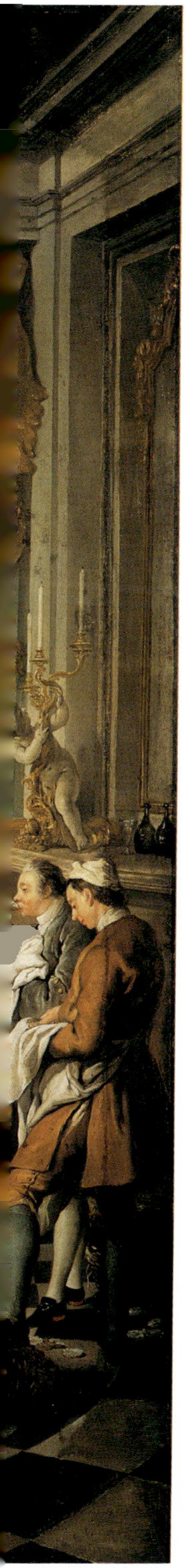

Petits Appartements

Aménagés à partir de 1722, soit l'année même du retour du jeune Louis XV* au château de Versailles, les petits cabinets du roi ouvraient au midi au deuxième étage de la façade de brique et pierre sur la cour* de Marbre et sur la cour Royale, et, surtout, au deuxième et au troisième étage de la cour des Cerfs et de la Petite Cour.

Dans ces pièces de dimensions réduites, qui connurent par souci de confort et d'intimité de continuelles transformations tout au long du règne, Louis XV s'adonna dans un premier temps aux plaisirs de la lecture, du dessin, de l'imprimerie et de la cuisine, et aima à s'y retirer pour tourner le bois, l'ivoire ou l'argent, ou pour se livrer à des expériences de physique. Sur les terrasses couvertes de plomb environnant la cour des Cerfs, il fit aménager une volière et un véritable petit jardin orné de treillages, de plates-bandes de giroflées et d'orangers en caisses. Puis, avec l'âge, il transforma aussi ses petits cabinets en lieux de convivialité où, après la chasse, il invitait à souper et à jouer un cercle de familiers, au nombre desquels on compta sa maîtresse.

Le décor en était extrêmement soigné et comprenait des tableaux aujourd'hui très célèbres. La salle à manger d'hiver était ainsi ornée d'un *Déjeuner d'huîtres* par Jean-François de Troy et d'un *Déjeuner de jambon* par Nicolas Lancret, tous deux peints en 1735 (Chantilly, musée Condé). Pour la Petite Galerie*, la pièce la plus vaste, un cycle de tableaux figurant des *Chasses en pays étrangers* fut commandé afin de prendre place parmi les lambris sculptés attribués à Jacques Verberckt* et à son atelier : à la fin de 1735 et au début de l'année suivante, Jean-François de Troy, Charles Parrocel, Nicolas Lancret, Jean-Baptiste Pater, François Boucher et Carle Van Loo peignirent chacun une chasse exotique. En 1738, après l'agrandissement de la galerie, Parrocel et Van Loo livrèrent deux autres tableaux. Enfin, au début de l'année 1739, Boucher exécuta une *Chasse du crocodile* (tous au musée d'Amiens).

Après la mort du Dauphin, le 20 décembre 1765, Louis XV concéda à la Dauphine l'essentiel de ses petits cabinets. À partir de décembre 1770, Mme Du Barry* vint à son tour habiter ces pièces, qui se présentent aujourd'hui dans l'état que connut la favorite. xs

Pompadour (Mme de)

Dans son portrait au pastel achevé en 1755 par Maurice Quentin de La Tour (musée du Louvre), comme dans celui, superbe, que François Boucher réalisa en 1756 (Munich, Alte Pinakothek), la marquise de Pompadour souhaita que son attrait pour les arts fût souligné. Du printemps 1745, date à laquelle elle devint la maîtresse de Louis XV*, à sa mort, en avril 1764, elle exerça en effet un grand rôle dans ce domaine.

Née Jeanne Antoinette Poisson en 1721, elle reçut, avant de devenir Mme Le Normant d'Étiolles par son mariage avec le neveu du fermier général Le Normant de Tournehem, une éducation brillante qui lui permit de fréquenter les salons de Mme de Tencin, de Mme d'Angervilliers et de Mme Geoffrin. Liée par sa famille au milieu des financiers, elle sut le moment venu les faire

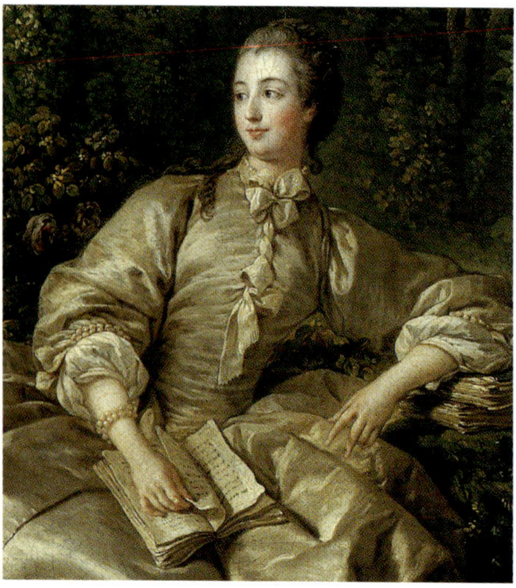

François Boucher, *Portrait de Mme de Pompadour* (détail), 1756. Londres, The Victoria and Albert Museum.

nommer à des postes importants. Son oncle, Charles François Paul Le Normant de Tournehem, devint ainsi « directeur général des Bâtiments, jardins, arts, académies et manufactures royales », et à sa mort, en 1751, le poste échut au propre frère de la marquise, Abel de Vandières, futur marquis de Marigny.

Dès 1745, elle occupa à Versailles l'appartement situé dans l'attique surmontant le Grand* Appartement du roi, puis s'installa en 1750 au rez-de-chaussée, ses relations avec Louis XV ayant changé de nature.

Cultivée et puissante car écoutée du roi dont elle fut l'amie, la confidente et la conseillère pendant quatorze ans, Mme de Pompadour exerça un véritable mécénat pour les arts. Nombre des artistes les plus célèbres du XVIIIe siècle furent ainsi appelés à répondre à ses commandes. Pour les appartements dont elle disposa à Versailles, à Fontainebleau ou à Choisy, ou pour les résidences dont elle fit l'acquisition (Crécy, Menars) ou qu'elle fit construire (Bellevue), elle sollicita les peintres François Boucher, Carle Van Loo et François-Hubert Drouais, ainsi que les sculpteurs Jean-Baptiste Lemoyne, Jean-Baptiste Pigalle et Étienne Falconet. Aimant à s'entourer de meubles et d'objets d'art précieux, souvent acquis auprès du marchand parisien Lazare Duvaux, elle constitua de remarquables ensembles décoratifs dont le style porte aujourd'hui son nom. XS

Porcelaine

Depuis une dizaine d'années, la conservation du musée de Versailles s'efforce avec patience d'acquérir certaines des pièces de porcelaine qui ornèrent le château. Louis XV* et Louis XVI* manifestèrent en effet tout au long de leurs règnes une vive prédilection pour la porcelaine, et Versailles s'affirma très vite comme l'un des lieux privilégiés où la Cour* pouvait découvrir les nouvelles productions de la Manufacture royale de Sèvres.

Jusqu'en 1788, Louis XVI maintint en effet la coutume instituée par son prédécesseur : tous les ans, entre le 21 décembre et le 4 janvier, la salle à manger dite « aux salles neuves », ou salle à manger « des porcelaines », se transformait en lieu d'exposition. La Cour, qui y était admise, pouvait ainsi admirer les créations de la Manufacture royale et procéder à divers achats. Les ateliers se devaient donc chaque année d'inventer de nouvelles formes et de mettre au point de nouvelles techniques. Régulièrement, les souverains profitaient de

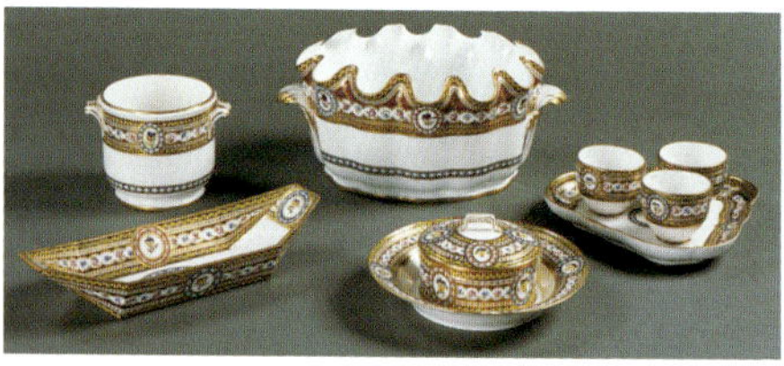

Service de table « riche en couleur et riche en or » de Marie-Antoinette, 1784. Porcelaine. Petits cabinets de Marie-Antoinette, 2e étage.

cette exposition pour faire leurs emplettes. Leurs appartements à Versailles comportaient en effet de très nombreuses porcelaines. Louis XVI possédait ainsi 113 vases ornant cheminées et consoles, dont 105 provenaient de Sèvres. Aux murs, on pouvait admirer plusieurs tableaux peints sur porcelaine d'après des œuvres célèbres appartenant aux collections* royales (*Les Chasses de Louis XV* par Jean-Baptiste Oudry, *La Vie de sultane* par Charles Amédée Van Loo).
L'essentiel des porcelaines de Sèvres était constitué par les innombrables pièces formant les services destinés aux tables* du palais. Si le grand service commandé par Louis XVI en 1783 se trouve aujourd'hui conservé en majeure partie dans les collections royales britanniques, il est en revanche toujours possible de voir à Versailles des échantillons des services à « attributs et groseilles » et à « guirlandes de barbeaux » livrés pour Louis XVI, et surtout du service « riche en couleur et riche en or » et du service à « perles et barbeaux », livrés respectivement en 1784 et 1782 à Marie-Antoinette*. XS

Restauration et reconstitution

Les travaux d'aménagement du musée historique de Louis-Philippe* amenèrent de nombreux dépeçages de décors du XVIIIe siècle ; lorsqu'il n'y eut pas de modification fondamentale des espaces (comme ce fut le cas pour les ailes du Nord et du Midi), il fut souvent possible, au XXe siècle, de remettre en place les éléments de boiseries dont l'architecte Nepveu avait fait dresser de précieux relevés ; c'est surtout dans les salles du rez-de-chaussée du corps central (appartement du Dauphin, de la Dauphine, de Mesdames ou de Marie*-Antoinette) que l'on put ainsi déposer les enfilades de portraits historiques pour rétablir la majorité du décor ancien. Lorsqu'une partie de ces panneaux avait été perdue, deux solutions furent adoptées selon la richesse de la sculpture et selon la part à remplacer : soit un travail de sculpture à l'identique, soit une solution plus en retrait, laissant vierges de sculpture les panneaux modernes. En tout état de cause, l'existence, dans les collections, d'objets mobiliers provenant de la pièce considérée ou l'espoir de les y voir entrer (par acquisition ou dépôt) constitue toujours un élément non négligeable de la décision de rétablissement d'un état ancien. AP

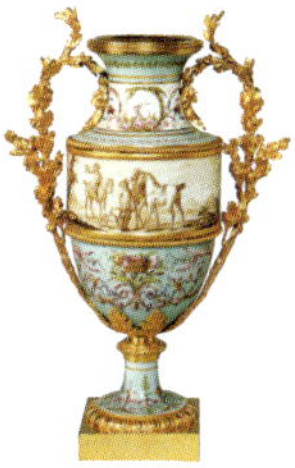

Vase, 1787-1789. P. A. Leguay (peinture et dorure) et P. Ph. Thomire (monture). Porcelaine de Sèvres, h. 40 cm. Salon des Jeux de Louis XVI.

RÉVOLUTION FRANÇAISE
Des ventes au musée spécial de l'école française

Si le château se vida de ses habitants en octobre 1789, on continua néanmoins à l'entretenir. Certaines parties des jardins furent transformées en potagers et un arbre de la liberté fut planté dans la cour. En 1791, on installa des poêles dans les Grands* Appartements et des échafaudages pour la restauration des plafonds ; en 1792, on enleva les fleurs de lis et les couronnes, symboles de la royauté, on envoya au Louvre peintures et sculptures, et l'Assemblée législative décida la mise en vente du mobilier : de 1793 à 1796, 17 182 lots furent vendus, les meubles les plus beaux allant souvent à des étrangers, exonérés de droits.
En 1793, la Convention ouvrit le château au public ; de 1797 à 1801, un musée spécial de l'École française fut installé dans les Grands Appartements, comprenant 350 tableaux des XVIIe et XVIIIe siècles choisis dans les collections* royales et des académies, mais excluant l'œuvre de David exposée au Louvre. Une bibliothèque, une école de musique, une école du modèle vivant y furent créées ; l'aile du Midi abrita des invalides. Après beaucoup d'hésitations, Napoléon, qui réalisa d'importantes restaurations, réaménagea les appartements. CC

Riesener (Jean-Henri)
Né en Westphalie en 1734, cet ébéniste fit son apprentissage auprès de Jean-François Œben, dont il reprit l'atelier, achevant notamment le bureau à cylindre du roi (voir Cabinet d'angle) ; nommé maître en 1768, il reprit les fonctions de Joubert comme ébéniste du roi en 1774. Les nombreuses commandes qu'il reçut du Garde-Meuble l'amenèrent à en sous-traiter une partie, livrant à la fois un mobilier* d'usage, assez simple, et les créations les plus raffinées, aux bronzes ciselés à l'égal de la joaillerie, à la marqueterie alternant fonds géométriques et panneaux figuratifs. Il fit les frais de la politique d'économie et de remise en ordre du Garde-Meuble, cédant également devant la concurrence d'un Benneman. Ses réalisations pour Versailles et pour la plupart des châteaux royaux furent innombrables : encoignures pour le salon des Jeux de Louis XVI* (1775), commode pour le cabinet de la Méridienne* (1782), commodes et encoignures pour le salon des Nobles de la reine (1785), mobilier d'acajou pour l'appartement* de la Reine au rez-de-chaussée (1784). Ce maître néoclassique*, qui insérait dans des structures aux lignes droites de beaux effets de marqueterie (tableaux de fleurs, rinceaux, etc.), mourut ruiné en 1806. AP

Rocaille. Voir Classicisme

Rousseau (Les frères)
On doit à cette famille de sculpteurs sur bois des Bâtiments du roi certains des plus beaux décors de lambris conservés à Versailles. Le plus célèbre d'entre eux, Jules Antoine (1710-1782), fils d'Alexandre Rousseau qui avait collaboré dans les toutes premières années du XVIIIe siècle au décor de la

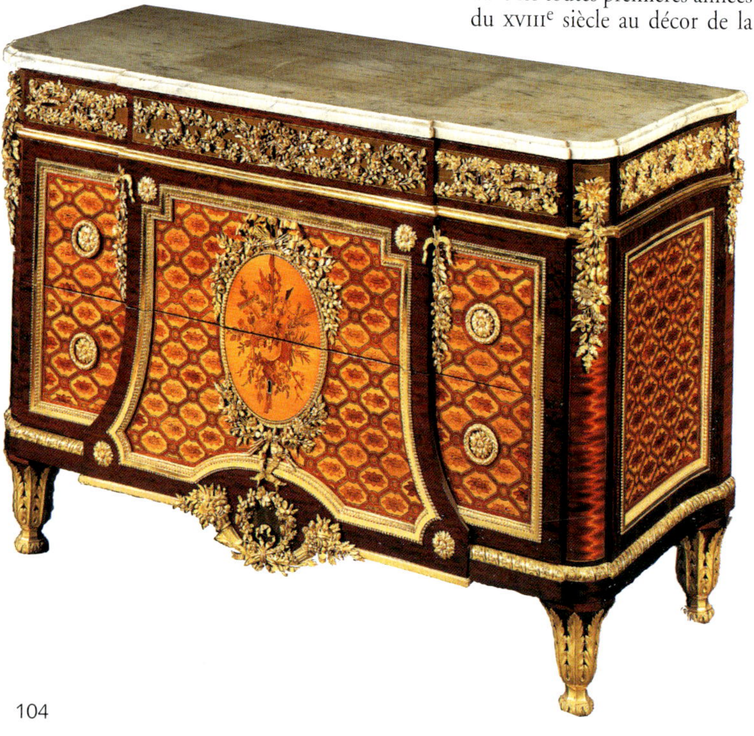

Jean-Henri Riesener, commode provenant de la chambre de Marie-Antoinette au château de Marly, 1782. Cabinet doré de Marie-Antoinette.

nouvelle chapelle* royale de Versailles, fut reçu maître le 17 février 1753. Il semble avoir régulièrement travaillé pour le château dès 1747, date à laquelle il sculpta des lambris pour la pièce des Bains des cabinets de Marie Leszczynska*, pour la première et la seconde antichambre du Dauphin et pour la seconde antichambre de la Dauphine. En 1749 et 1751 il fut payé pour des ouvrages exécutés au pavillon de la nouvelle Ménagerie de Versailles et, en 1755, réalisa sous la conduite de Jacques Ange Gabriel les boiseries du cabinet du Conseil*. C'est avec ce décor qu'il donna toute la mesure de son talent, conférant à ses figures une « allure robuste et fière », selon les mots de Pierre de Nolhac.

De plus en plus sollicité, Jules Antoine Rousseau associa à ses chantiers ses deux fils, Jules Hugues, dit Rousseau l'Aîné (1743-1806), qui devint en 1774 premier dessinateur et sculpteur du comte d'Artois, puis sculpteur ordinaire de la reine, et Jean Siméon, dit Rousseau de La Rottière (1747-1820), qui porta lui aussi le titre de peintre et décorateur de la reine. Ensemble ils collaborèrent en 1767 aux appartements de Mesdames Cadettes puis aux nombreux chantiers du début des années 1770, œuvrant ainsi pour la salle de l'Opéra*, pour la bibliothèque* et les bains du roi, pour la chambre à coucher et la lingerie de la Dauphine Marie-Antoinette*, pour les bains du Dauphin, futur Louis XVI*, et pour les appartements de Mesdames Adélaïde et Sophie. Après la mort de leur père, en 1782, les frères Rousseau modelèrent les bronzes de la cheminée du salon des Nobles, exécutés par Gouthière, et, surtout, sculptèrent en 1783 les nouvelles boiseries du grand cabinet intérieur de Marie-Antoinette, aujourd'hui connu sous le nom de cabinet Doré, et en 1788 celles du cabinet* de la Garde-Robe du roi. Par ces deux ultimes décors, d'une grande élégance, ils affirmaient leur faculté d'adaptation au néoclassicisme*. XS

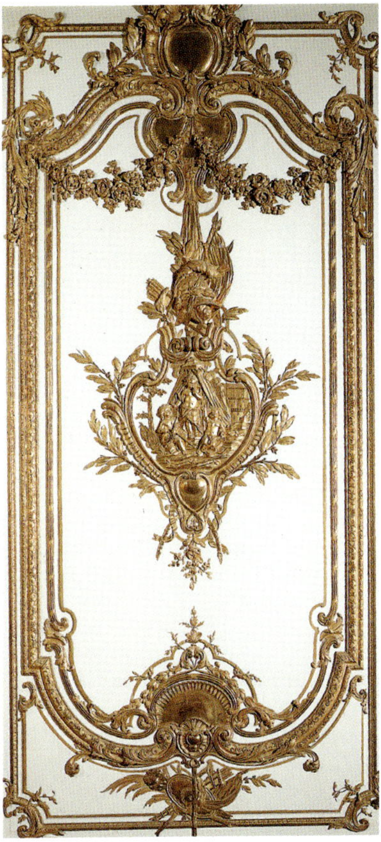

Cabinet du Conseil, détail des boiseries d'Antoine Rousseau.

« Il n'y a pas d'endroit à Versailles qui n'ait été modifié dix fois. »

Princesse Palatine.

Page suivante : Eugène Lami, *Souper offert par Napoléon III en l'honneur de la reine Victoria dans l'Opéra royal, le 28 août 1855.* H/t 48 × 66 cm. Cabinet d'Arts graphiques.

50 SACRE (SALLE DU)
L'Empire au service de la monarchie de Juillet

À l'emplacement de cette vaste salle se trouvait, de 1676 à 1682, la chapelle* du château ; après le transfert de celle-ci à l'emplacement du salon d'Hercule*, le lieu devint une grande salle des Gardes.
Louis-Philippe*, légitimant en quelque sorte la dictature impériale, utilisa cet espace pour y loger symboliquement trois des plus grandes toiles historiques de son nouveau musée : *Le Couronnement de l'Empereur et de l'Impératrice* (improprement appelé *Le Sacre*, d'où le nom de la salle), exécuté par David entre 1805 et 1808 ; *Le Serment de l'armée lors de la distribution des aigles*, achevé en 1810 (deux autres tableaux devaient, dans l'esprit du peintre, compléter cet ensemble retraçant les cérémonies de l'accession au trône, mais ils ne furent jamais exécutés) ; enfin, la *Bataille d'Aboukir* par Gros (1806), fougueuse page où l'artiste, par le biais d'un orientalisme naissant, ouvre de nouvelles voies à la peinture. Au plafond fut placée l'*Allégorie du Dix-huit Brumaire* de Callet, artiste qui persista dans le genre allégorique sous le Consulat puis l'Empire, malgré l'aversion de Napoléon pour ce traitement de l'histoire. Sa grande toile, exposée au Salon de 1801, fut considérablement modifiée dans son format pour s'intégrer au décor de la pièce, complété par quatre dessus-de-porte dus à Gérard. Le premier grand tableau est aujourd'hui au Louvre (depuis 1889) ; c'est une répétition exécutée par David à Bruxelles en 1822 qui a aujourd'hui repris cette place. AP

Second Empire (Depuis le)

Après les salles d'Afrique retraçant la conquête de l'Algérie (voir Smalah), encore inachevées en 1848, Napoléon III décida de poursuivre l'œuvre historique de Louis-Philippe* en consacrant de nouvelles salles aux guerres de Crimée, puis d'Italie ; par ailleurs, c'est sous les auspices de l'impératrice Eugénie que le Petit Trianon fut restauré, remeublé et ouvert au public en 1867. Le 19 mars 1871, les circonstances drama-

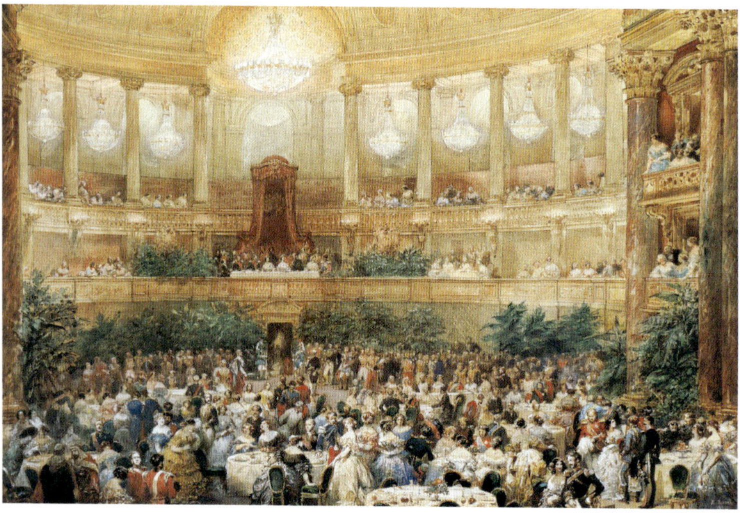

tiques de la chute du second Empire amenèrent au château l'Assemblée nationale nouvellement élue ; elle devait y rester jusqu'en 1879. C'est depuis Versailles que s'organisa la lutte du gouvernement provisoire contre la Commune de Paris ; après la chute de celle-ci, de nombreux prisonniers furent incarcérés dans l'Orangerie et aux Écuries, certains d'entre eux étant ensuite fusillés au camp de Satory tout proche. Le 18 janvier de cette même année avait eu lieu, dans la galerie* des Glaces, la proclamation solennelle de l'Empire allemand. La signature du traité mettant fin à la Première Guerre mondiale se fit, symboliquement, dans ces mêmes murs, le 28 juin 1919. Le 4 juin 1920 fut signé le traité de Trianon, qui réglait le sort de la Hongrie, amputée d'une partie de son territoire. Jusqu'en 1958, la vie officielle du palais ne fut plus rythmée que par les congrès qui, tous les sept ans, réunissaient députés et sénateurs pour l'élection du président de la République. Aujourd'hui, seules les révisions de la Constitution imposent de réunir le Parlement à Versailles. AP

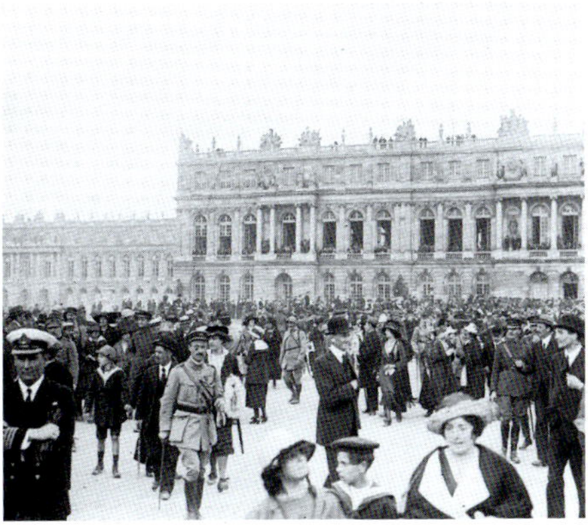

Signature du traité de Versailles, le 28 juin 1919.

Serre-bijoux de Marie-Antoinette

Ce somptueux meuble d'acajou, de nacre et de bronze doré, commandé en 1787 par le garde-meuble de Marie-Antoinette* (et non offert par la Ville de Paris, comme le voulait la légende), est dû à Ferdinand Schwerdfeger, ébéniste actif entre 1760 et 1790. On connaît de lui assez peu d'autres œuvres, si ce n'est celles qu'il réalisa pour Marie-Antoinette, ce qui laisse à penser qu'il avait supplanté Riesener* dans le goût de la reine. Il exécuta une console et une table à ouvrage pour la chambre de la Reine au Petit Trianon (en place), auxquelles venaient probablement s'ajouter une commode et un secrétaire (aujourd'hui à Boston). Typique du néoclassicisme* qu'encourage la reine, ce serre-bijoux n'en reprend pas moins la forme traditionnelle du cabinet sur un piétement haut, ici formé de faisceaux de flèches ; le répertoire décoratif fait appel aux formes – souvent antiquisantes – et aux techniques les plus variées (biscuit de Sèvres copiant les productions de Wedgwood, peinture en imitation de camées…) ; un ensemble d'artistes de premier plan (Lagrenée, Degault, Boizot, Thomire, Martincourt) y collaborèrent sur des dessins de Dugourc. AP

Ferdinand Schwerdfeger, serre-bijoux de Marie-Antoinette (détail), 1787-1788. Chambre de la Reine.

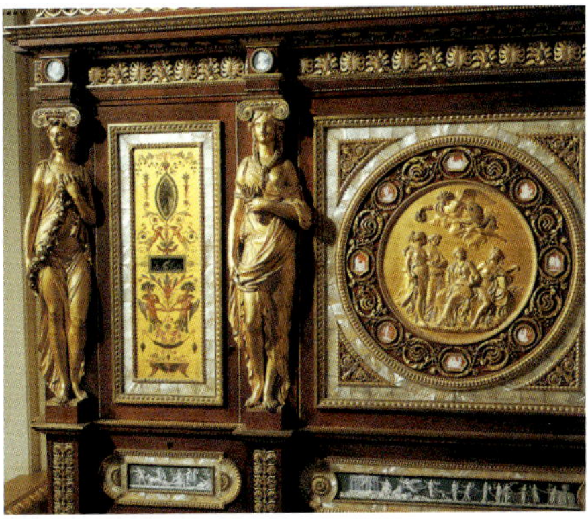

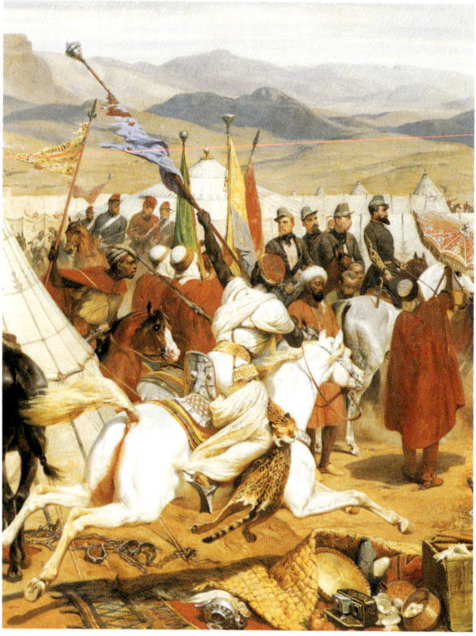

Horace Vernet, *Prise de la smalah d'Abd el-Kader* (détail), 1845. Salle de la Smalah.

Smalah d'Abd el-Kader (Prise de la)

Conçues par Louis-Philippe* pour former une sorte de pendant à la galerie des Batailles*, et destinées à célébrer les hauts faits militaires de son règne autant que la bravoure de ses fils, les trois salles de la Smalah, de Constantine et du Maroc sont situées dans l'aile du Nord, mais n'ont jamais été terminées. L'essentiel en est dû à Horace Vernet, qui semble avoir eu toute la faveur du souverain, probablement à cause de sa façon « objective » de traiter l'événement, et qui exécuta douze grandes toiles entre 1838 et 1845. À l'époque de l'orientalisme triomphant, elles n'ont rien de pittoresque et montrent la vérité du détail au sein d'une rhétorique assez confuse.

De ces toiles, la *Prise de la smalah d'Abd el-Kader* reste la plus exceptionnelle. Longue de plus de 20 mètres, elle montre le duc d'Aumale devant l'ancien fort de Taguin, en 1843, commandant les chasseurs d'Afrique : Vernet s'est attaché à peindre les officiers en pleine action et a porté un soin tout particulier à décrire les tentes d'Abd el-Kader et la fuite des Arabes, parmi lesquels la mère de l'émir, Lilla Zahra, et Sidi Embarak, chef provisoire de la smalah. CC

Symbolique royale

Le décor des Grands* Appartements est inspiré de celui de l'appartement des Planètes du palais Pitti à Florence, dû à Pierre de Cortone. Félibien le précise : « Comme le soleil est la devise du roi, l'on a pris les sept planètes pour servir de sujet aux tableaux des sept pièces [...] de sorte que dans chacune on y doit représenter les actions des héros de l'Antiquité qui auront rapport à chacune des planètes et aux actions de Sa Majesté. » Des épisodes de la vie d'Alexandre, de Cyrus ou de César évoquent ainsi ceux de la vie de Louis XIV* : c'est la fable qui raconte l'histoire.

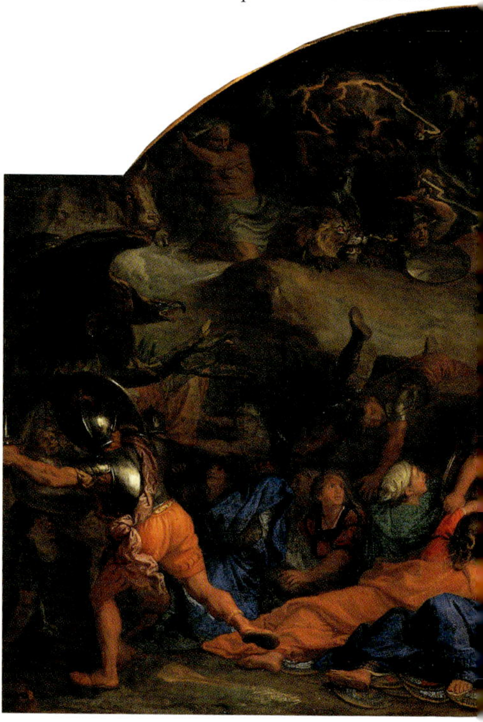

Dans la galerie* des Glaces, le salon de la Guerre* et celui de la Paix*, l'histoire du royaume est clairement racontée, et ses acteurs, en particulier le roi, sont assistés dans leurs œuvres par les dieux de l'Olympe. Les Muses et les Victoires en proclament les bienfaits. Tout l'art de Le* Brun consiste à ajuster à la modernité de la propagande un langage alliant le réel à l'antique : le roi paraît en *imperator* à côté des divinités dans un cadre moderne. CC

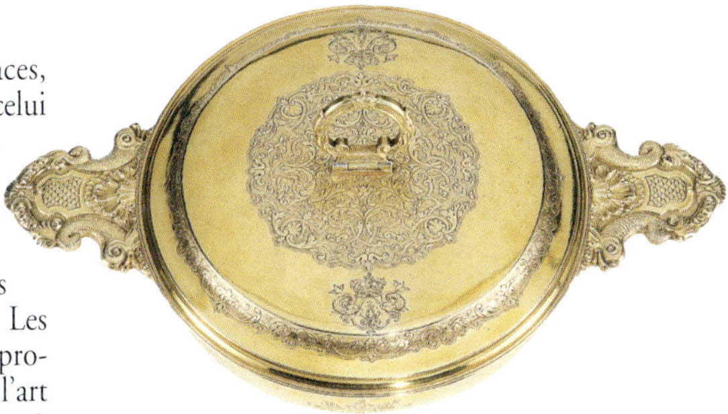

Sébastien Leblond, écuelle du Grand Dauphin, 1690-1692. Argent doré, 65 × 30. Paris, Louvre.

Tables royales

Les festins royaux donnés lors des premières fêtes versaillaises furent l'occasion de grands décors inspirés de l'art baroque italien ; ces grands festins furent toutefois rares par la suite, jusqu'à la construction de l'Opéra* dont la salle permettait cette utilisation avec son plancher mobile. Sous Louis XIV* s'instaura l'usage pour le roi de prendre tous ses repas en public, usage auquel son successeur ne devait plus guère se plier que deux fois par semaine. Le « dîner » (notre actuel déjeuner) avait lieu dans la chambre* et le « souper » (notre actuel dîner) dans l'antichambre du Grand* Couvert ; pour cette dernière occasion figurait sur la table, outre les éléments d'une somptueuse orfèvrerie (qui fut fondue en 1709), la « nef » (renfermant les serviettes) et le « cadenas » du roi (contenant les couverts) ; ce souper au protocole immuable avait lieu en musique*.

Louis XV* fit aménager cuisines et salles à manger dans ses Petits* Appartements ; le service était réduit au minimum, grâce notamment à l'emploi de tables et de buffets escamotables, et l'étiquette (voir Cour) fut considérablement assouplie par l'usage de tables rondes (donc sans place d'honneur). Les commandes furent nombreuses pour les manufactures de Vincennes, puis de Sèvres, certains services associant porcelaine* et orfèvrerie. Les services de la bouche étaient logés dans le Grand Commun jouxtant le château, construit de 1682 à 1684 par Hardouin*-Mansart. AP

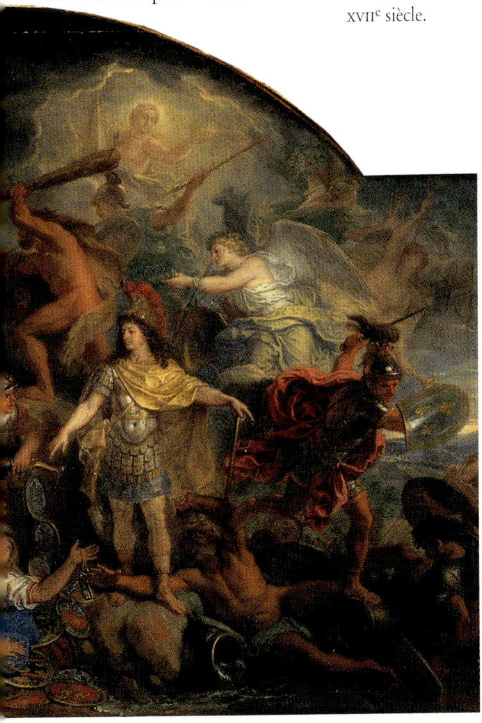

Charles Le Brun, *La Conquête de la Franche-Comté*, v. 1674. H/t 93 × 140 cm. Salles du XVIIe siècle.

Théâtre

Le goût de Louis XIV* pour la comédie se manifesta très tôt ; toutefois, l'édification d'une salle resta longtemps l'un des problèmes non résolus dans l'aménagement de Versailles. Au début des années 1680, une salle fut construite à l'extrémité de la cour des Princes, petit volume doté d'un amphithéâtre et d'une loge pour la famille royale ; cette salle fut utilisée essentiellement pour les représentations ordinaires où alternaient comédiens français et italiens, ainsi que pour quelques spectacles lyriques ; le roi la délaissait souvent pour son théâtre personnel qu'il avait fait aménager dans l'espace d'une des cours latérales du Grand Trianon (utilisé à partir de 1688, il disparut en 1703). Mme de Maintenon* s'efforça de détourner le roi de son goût pour la comédie, le ballet et l'opéra*, qu'il avait passionnément aimés dans sa jeunesse, au profit de « comédies de dévotion », représentées sur une scène de fortune dans le Grand Cabinet de son appartement.

Sous le règne de Louis XV*, un autre aménagement fut réalisé tout d'abord dans le volume de la Petite Galerie* de Mignard*, avant d'être installé dans l'escalier des Ambassadeurs* voisin, d'où il était démonté en cas de besoin ; la marquise de Pompadour* avait la haute main sur cette scène où se produisaient des comédiens amateurs, membres de son cercle.

Le goût bien connu de la reine Marie*-Antoinette pour le théâtre l'amena à avoir une loge dans les principaux établissements de la capitale ; ne se satisfaisant plus de l'ancienne salle de la cour des Princes, elle fit ériger en 1785, dans l'espace destiné par Gabriel au grand escalier, dans l'aile neuve, une salle de bois ; quelques années auparavant, en 1779, elle avait déjà fait bâtir le petit théâtre de Trianon. AP

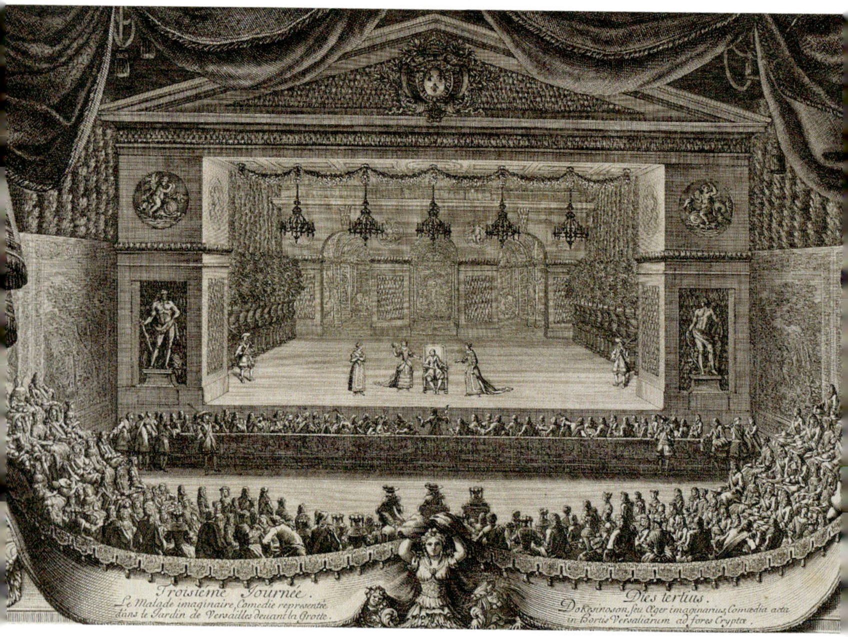

Jean Lepautre, Représentation du *Malade imaginaire* de Molière à Versailles en 1674. Gravure, 27 × 42 cm. Cabinet d'Arts graphiques.

29 Vaisselle d'or (Cabinet de la)

Comme la plupart des pièces de l'appartement* intérieur du roi, ce cabinet a connu de nombreuses destinations ; ces transformations illustrent à la fois les changements de goût, mais aussi le besoin de place toujours plus pressant dans le château.
Situé à l'emplacement de la chapelle* installée par Louis XIII* dans le pavillon en décrochement, cet espace fut ensuite intégré à l'appartement de Mme de Montespan après les travaux de Le* Vau, avant de devenir l'un des salons flanquant la Petite Galerie* ornée par Mignard*. Quelques vestiges du décor de cet ensemble ont été conservés, comme la corniche, les pilastres ou les chambranles de la fenêtre.
Les importants travaux que Louis XV* décida pour réaménager l'appartement intérieur transformèrent ce cabinet en une salle à manger en 1750. Il devint peu après le cabinet de musique de Madame Adélaïde : elle y prenait ses leçons d'italien, y travaillait le chant sous la direction de Beaumarchais, jouait de la harpe et du clavecin ; c'est d'ailleurs dans ce salon que, selon la tradition, le jeune Mozart aurait joué devant la famille royale en décembre 1763. En dépit de transformations ultérieures, les boiseries actuellement visibles sont celles réalisées par Verberckt* entre 1753 et 1767. Après le déménagement de la princesse, Louis XV, qui prenait souvent le café dans cette pièce, y installa son somptueux service de vaisselle d'or (fondu à la Révolution).
Louis XVI* y amassa quantité d'objets précieux ou de curiosité : il y disposa quelques meubles somptueux, dont le fameux cabinet réalisé en 1774 par Benneman en ébène et acajou recouvert de plaques de cire à décor de plumes d'oiseaux et d'ailes de papillons (*in situ*), de nombreuses porcelaines* de la manufacture de Sèvres, vases, biscuits ou tableaux, des portraits de famille, des tableaux des batailles de Louis XV, des plans de Versailles et d'autres résidences de chasse, et jusqu'à une collection de cannes. TB

3 Vénus (Salon de)

De tous les salons du Grand* Appartement du roi, celui de Vénus offre le parti ornemental le plus original. Construit entre 1677 et 1680, au moment où l'on édifiait l'escalier des Ambassadeurs*, dont il constituait l'une des issues, il présente en effet une riche décoration destinée à troubler le visiteur par l'usage du trompe-l'œil. Sur les murs alternent marbres réels et marbres peints. Les colonnes ioniques encadrant les portes situées au fond de la pièce sont de marbre de Rance, celles s'inscrivant sur les côtés latéraux ne sont que peinture, tout comme les deux vastes perspectives palatiales qu'elles encadrent, dues au peintre Jacques Rousseau.
Face aux fenêtres, une niche lambrissée de marbre abrite la statue de Louis XIV* en costume militaire à l'antique sculptée par Jean Warin (ill. p. 62). À l'opposé, encadrées par les fenêtres, deux fausses niches comprennent de fausses statues de Méléagre et d'Atalante, témoignant à nouveau du talent de Rousseau qui joue ici avec la lumière extérieure en conférant du volume à ses œuvres.
Au plafond, René Antoine Houasse a souhaité lui aussi confondre le visiteur. Sur les

Salon de Vénus.

voussures, quatre tableaux aux bordures de stuc doré semblent suspendus suivant le parti italien des *quadri riportati*. Peints en 1672, ils célèbrent les grands événements du règne de Louis XIV au moyen d'épisodes antiques (voir Symbolique royale). *Auguste présidant aux jeux du cirque* évoque le carrousel des Tuileries de 1662, *Nabuchodonosor et Sémiramis faisant élever les jardins suspendus de Babylone* rend hommage aux travaux conduits dans les maisons royales, *Alexandre épousant Roxane* rappelle le mariage du roi, et *Cyrus armant des troupes* illustre la guerre de Dévolution pour les droits de la reine en 1667. Ces tableaux sont posés sur des bas-reliefs peints à l'imitation du bronze doré figurant des enlèvements mythologiques. Le grand compartiment central où *Vénus, couronnée par les Grâces, assujettit à son empire les divinités et les puissances* constitue une ouverture sur le ciel, comme si le plafond était percé en son milieu. À la manière italienne, cet espace fictif se développe également dans les angles des voussures. Des amours, sortis du compartiment central, utilisent les extrémités des festons de fleurs (dont Vénus fait aussi usage pour lier les couples d'amants célèbres de l'Antiquité : Thésée et Ariane, Jason et Médée, Antoine et Cléopâtre, Titus et Bérénice) pour établir la liaison avec l'azurée mythologique.

Les « soirs d'appartement », lorsque la Cour* était conviée à venir prendre une collation dans le salon de Vénus, le décor de trompe-l'œil éclairé par la flamme vacillante des lustres n'en devait paraître que plus extraordinaire. XS

Verberckt (Jacques)

Jacques Verberckt (1704-1771), né à Anvers, exécuta ses premiers travaux à Versailles, pour le salon d'Hercule*, auprès d'Antoine Vassé en 1729. Ayant épousé la fille du sculpteur ornemaniste André Le Goupil, il fut admis en 1734 au sein de la Société pour les bâtiments du roi.

Son activité à Versailles fut longue et marquée de prestigieuses réalisations sur les dessins de Jacques Ange Gabriel : le décor du cabinet de la Pendule* (1738) et du cabinet* d'angle (1760), de la chambre du Dauphin, du grand cabinet et de la chambre de la Dauphine (1747), du grand cabinet d'angle de Madame Victoire (1763) et, à Trianon, du Pavillon du jardin français (1750). Agréé par l'Académie royale en tant que sculpteur, il ne fut jamais académicien. Le bas-relief de bronze de *Sainte Anne instruisant la Vierge*, exécuté pour l'un des autels latéraux de la chapelle* du château, est une de ses rares œuvres connues ; il faut noter que les autres sculpteurs de cette commande ne sont autres que les frères Adam et Bouchardon. AP

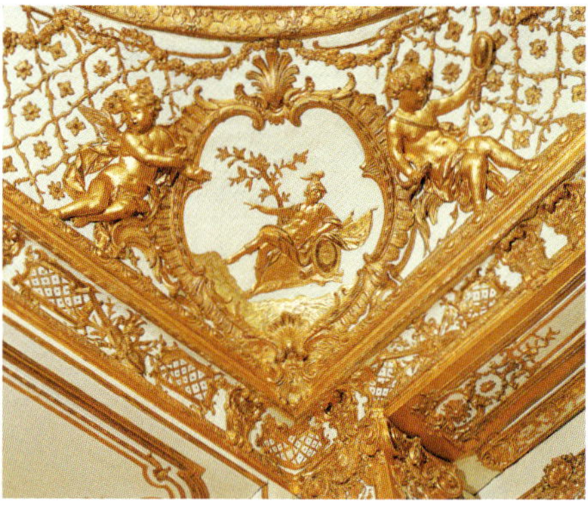

Cabinet de la Vaisselle d'or, détail du plafond sculpté par Jacques Verberckt.

Vernet (Horace).

Voir Smalah d'Abd el-Kader

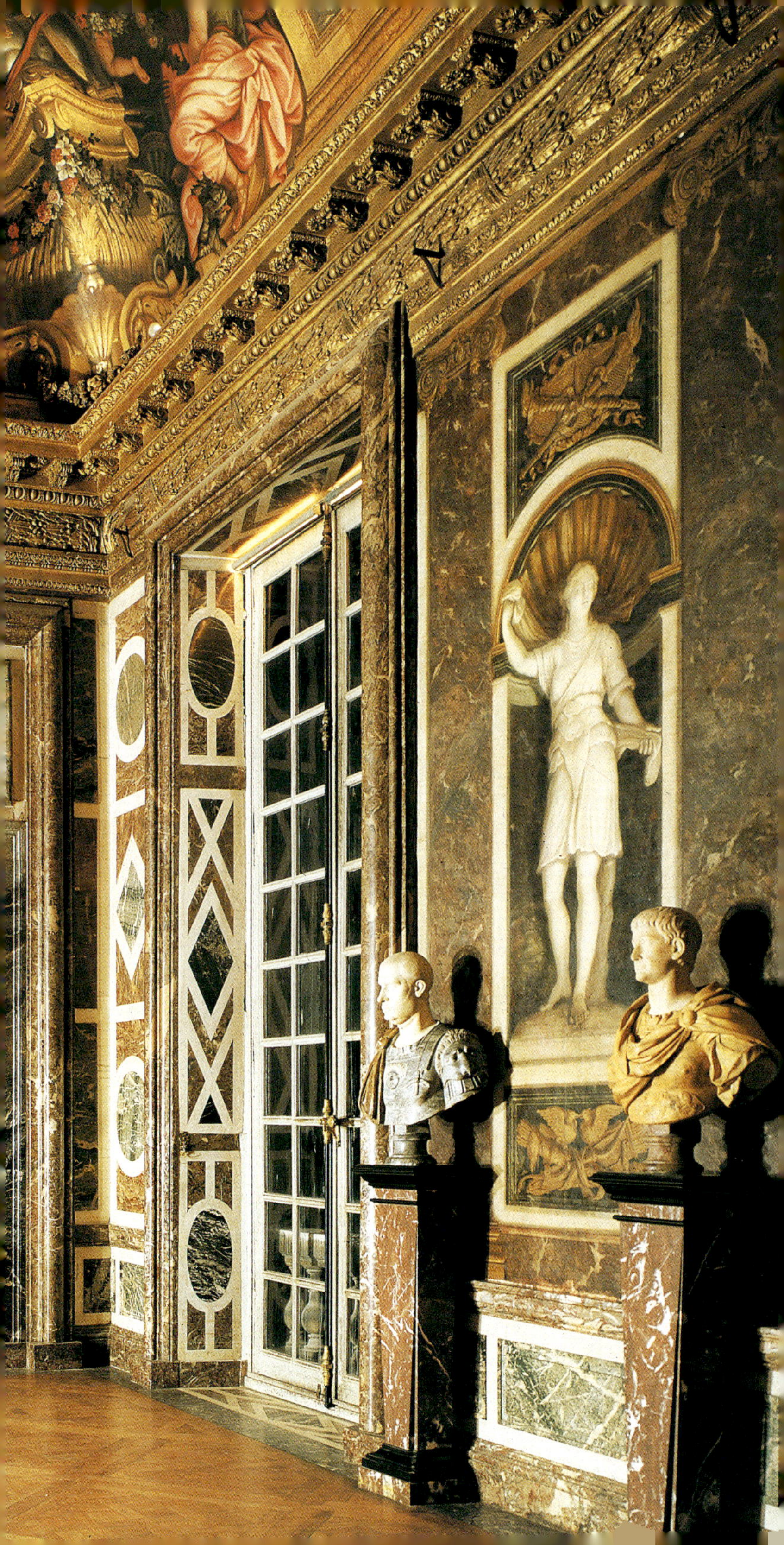

VERSAILLES ET L'EUROPE
Toujours imité, jamais égalé

Les princes français furent les premiers agents du rayonnement de Versailles à l'étranger. Ainsi, quand le duc d'Anjou, petit-fils de Louis XIV*, accéda au trône d'Espagne, il appela autour de lui architectes et sculpteurs français dont beaucoup s'étaient déjà illustrés à Versailles. Ainsi encore, après son mariage avec le duc de Parme, Élisabeth, fille de Louis XV*, commanda du mobilier français.
Les récits des ambassadeurs (voir Ambassades étrangères) et des voyageurs (dont quelques souverains), les recueils de gravures contribuèrent à diffuser le modèle versaillais dans l'architecture* et l'art des jardins : plus que de serviles copies, ce furent des adaptations au goût national de ses grandes lignes directrices : vastes espaces, accentuation des perspectives axiales, grand développement des façades. La seconde moitié du XIXe siècle vit se multiplier les pastiches, voire les copies les plus fidèles ; le plus souvent, les décors intérieurs furent l'objet de ces imitations, en particulier l'escalier des Ambassadeurs*, reconstitué à Paris au palais Rose de Boni de Castellane (aujourd'hui détruit) ou au château Oldway à Paignton en Angleterre (Devon), autrefois propriété de la famille Singer. C'est, une fois de plus, Louis II de Bavière qui se montra le plus ambitieux, reconstruisant à Herrenchiemsee le corps central du château et y logeant, outre un escalier des Ambassadeurs, une galerie* des Glaces plus grande que l'originale. AP

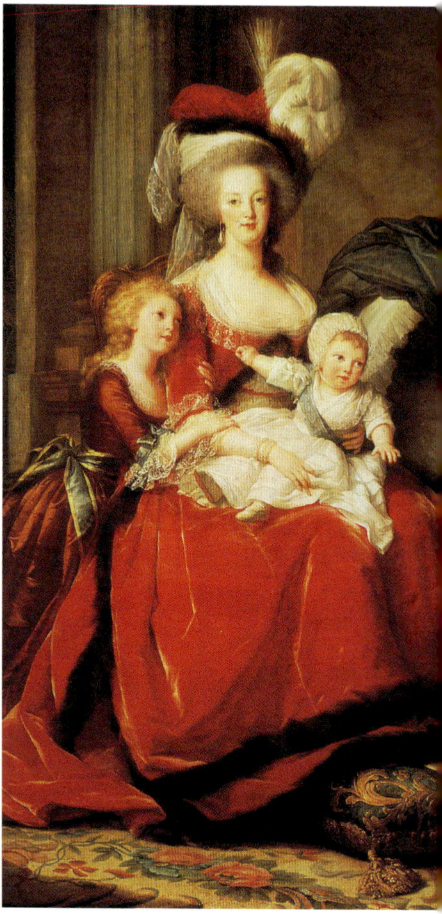

Élisabeth Vigée-Lebrun, *Marie-Antoinette et ses enfants*, 1787. H/t 275 × 215 cm. Antichambre du Grand Couvert, appartement de la Reine.

Vigée-Lebrun (Élisabeth)

Parmi les rares femmes qui pratiquèrent la peinture dans la seconde moitié du XVIIIe siècle, Mme Vigée-Lebrun (1755-1842) est aujourd'hui la plus célèbre. Fille du portraitiste Louis Vigée, elle s'employa comme lui à fixer avec une grande sensibilité les traits de ses contemporains. En 1779, deux ans après avoir épousé le marchand de tableaux Jean-Baptiste Lebrun, elle devint la portraitiste attitrée de la reine Marie-Antoinette*, dont elle gagna très vite

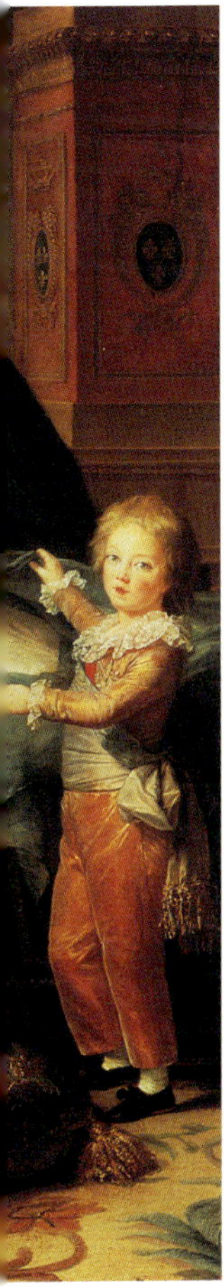

l'estime et sut transcrire toutes les facettes : du personnage officiel elle retint les somptueux atours, s'appliquant à peindre la lourde robe à paniers pour l'effigie qui fut envoyée à l'impératrice Marie-Thérèse (1778, Vienne, Kunsthistorisches Museum) ; de la femme elle souligna l'élégance et l'amour pour la nature avec le célèbre portrait « en gaulle » (1783, coll. part.) ; enfin, de la mère elle pérennisa l'amour pour ses enfants* en la figurant en compagnie de Madame Royale, du Dauphin et du duc de Normandie (1787, Versailles, musée du château).

La position enviée de Mme Vigée-Lebrun auprès de la reine lui valut de très nombreuses commandes, mais la contraignit aussi à émigrer pendant la Révolution*. Elle exporta dès lors son art en Italie (1789-1793), à Vienne (1793-1794) et à Saint-Pétersbourg (1795-1802), où elle rencontra toujours le même succès. Elle rentra en France en 1802, mais poursuivit ses voyages à travers l'Europe (Angleterre, Hollande, Suisse) jusqu'en 1809, avant de se fixer définitivement à Louveciennes, près de Paris. XS

Visiteurs

À côté des hôtes de marque, accueillis à Versailles avec solennité, nombreux étaient les visiteurs occasionnels ou habituels, depuis le solliciteur jusqu'aux gens de maison des courtisans ou l'étranger de passage à Paris. Une tradition non vérifiée affirme que quiconque, noble ou non, pouvait y pénétrer pour une simple visite ; une seule condition était requise : porter une épée et un chapeau, attributs qui pouvaient se louer à la grille. On estime à quelques milliers les personnes appelées à fréquenter le château en permanence, qu'il s'agisse des courtisans, des militaires chargés de la sécurité, des fonctionnaires travaillant au gouvernement, des domestiques ou des fournisseurs. Bien sûr, une telle foule soulevait de nombreux problèmes et les vols n'étaient pas rares.

Après la chute de l'Ancien Régime, le palais fut transformé en musée. Sous Louis-Philippe*, il était de bon ton de s'y rendre comme une façon de faire sa cour au souverain, mais le grand public ne s'y pressa guère. À la fin du siècle encore, le conservateur Pierre de Nolhac reconnaissait qu'il avait pu entreprendre d'importantes transformations et restaurations* grâce à une relative indifférence de l'opinion. Pourtant, l'édifice retenait toujours l'attention des grands de ce monde, soit pour une simple visite, soit pour une réception donnée en leur honneur : cette habitude, née sous Louis XIV*, se perpétue encore de nos jours. TB

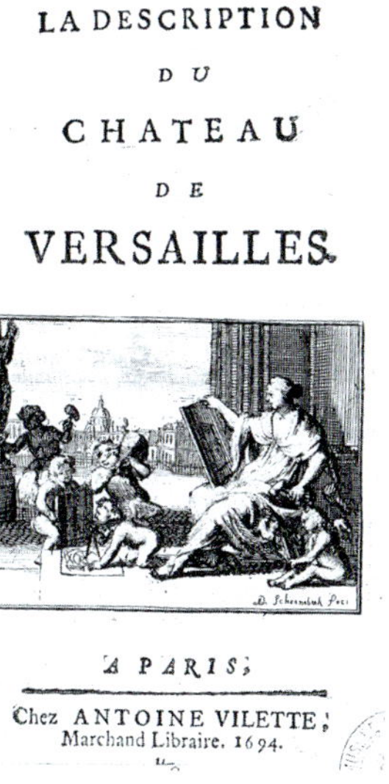
LA DESCRIPTION
DU
CHATEAU
DE
VERSAILLES.

A PARIS,
Chez ANTOINE VILETTE,
Marchand Libraire. 1694.

Page de titre de *La Description du château de Versailles*, Paris, 1694. Bibliothèque du château de Versailles.

C H R O N O

1624 Achèvement du pavillon de chasse édifié à la demande de Louis XIII sur la colline de Versailles.

1631-1634 Philibert Le Roy construit un petit château sur l'emplacement du premier pavillon de chasse.

1632 Louis XIII achète la seigneurie de Versailles à la famille de Gondi.

1642 Mort de Richelieu, remplacé au Conseil par Mazarin.

1643 Louis XIII meurt le 14 mai. Louis XIV lui succède.

1661 Début du règne personnel de Louis XIV. Premiers travaux engagés par le roi afin d'embellir le château de son père. Après la disgrâce de Fouquet, Colbert est nommé intendant des Finances.

1662-1663 Construction des ailes des cuisines et des écuries en avant des deux ailes délimitant la cour intérieure du château de Louis XIII.

1664 Du 5 au 14 mai, Louis XIV offre à la cour à Versailles la fête des « Plaisirs de l'île enchantée ».

1665 Poursuite des travaux. Construction de la grotte de Thétys.

1668 Louis XIV demande à Le Vau d'édifier autour du château-vieux, côté jardins, une « enveloppe » de pierre.

1670 Mort de Le Vau.

1670-1678 Aménagement, sous la conduite de Le Brun, des Grands Appartements du roi et de la reine.

1671-1680 Aménagement de l'appartement des Bains au rez-de-chaussée et de l'escalier des Ambassadeurs permettant d'accéder au Grand Appartement du roi.

1678 Hardouin-Mansart élabore des projets d'agrandissement du château.

1678-1682 Construction de l'aile du Midi.

1679-1680 Construction de la galerie des Glaces.

1681-1684 Décoration, par Le Brun, de la galerie des Glaces, du salon de la Guerre et du salon de la Paix.

1682 Louis XIV fait de Versailles la résidence officielle de la Cour et le siège du gouvernement.

1684 Construction et décoration de la Petite Galerie de Mignard.

1685 Réception du doge de Gênes.

1685-1689 Construction de l'aile du Nord.

1689-1710 Hardouin-Mansart commence l'édification d'une nouvelle chapelle. Elle est achevée par Robert de Cotte et sa voûte est peinte par Jean-Baptiste Jouvenet, Antoine Coypel et Charles de La Fosse.

1701 Transfert de la chambre de Louis XIV au centre du château.

1710 Naissance, le 15 février, du duc d'Anjou, futur Louis XV.

1715 Louis XIV meurt le 1er septembre. Le jeune Louis XV s'installe à Vincennes. Régence de Philippe d'Orléans.

1722 Louis XV fixe à nouveau sa résidence à Versailles.

1723 Fin de la Régence.

1725 Mariage de Louis XV et de Marie Leszczynska à Fontainebleau.

1730-1735 La chambre de la Reine reçoit un nouveau décor de lambris sculptés par Dugoullon, Le Goupil et Verberckt.

1736 Achèvement du salon d'Hercule, commencé en 1712.

1738 À partir de cette date, l'appartement intérieur du Roi est totalement réaménagé à l'initiative de Louis XV.

1742 Réception de l'ambassadeur Muhammad Saïd Pacha.

1752 Destruction de l'escalier des Ambassadeurs.

1754 Le 23 août, naissance du duc de Berry, futur Louis XVI.

1755 Naissance du comte de Provence, futur Louis XVIII.

1757 Naissance du comte d'Artois, futur Charles X.

1760-1769 Réalisation, par Œben et Riesener, du bureau à cylindre du roi.

1764 Mort de la marquise de Pompadour.

1768 Mort de Marie Leszczynska.

1769 Louis XV concède à Mme Du Barry ses petits cabinets du second étage, au-dessus de son appartement intérieur.

1770 Inauguration de l'Opéra royal construit par Gabriel, à l'occasion du mariage du Dauphin, futur Louis XVI, avec Marie-Antoinette.

1771 Début de la reconstruction de l'ancienne aile des cuisines par Gabriel. Le projet prévoyait la reconstruction de toutes les façades du château, côté ville.

1774 Louis XVI succède à Louis XV, mort de la variole.

1783 Signature du traité de Versailles scellant l'indépendance des États-Unis d'Amérique.

1788 Réception de Tippoo Sahib, sultan du Mysore.

1789 Début de la Révolution française, avec l'ouverture des États généraux dans la salle des Menus-Plaisirs. La famille royale quitte Versailles pour Paris le 6 octobre.

1792 Ventes du mobilier royal et transfert à Paris des œuvres d'art.

1793 Exécutions de Louis XVI et de Marie-Antoinette, respectivement les 21 janvier et 16 octobre.

1797 Création au château du musée spécial de l'École française.

1799 Coup d'État du 18-Brumaire, début du Consulat de Bonaparte.

1804 Sacre de Napoléon Ier.

1806 Travaux de restauration ordonnés par Napoléon Ier qui songe à faire de Versailles l'une de ses résidences.

1814 « Remise en état d'habitation » du château à la demande de Louis XVIII.

1815 Restauration de Louis XVIII.

1824 Charles X succède à Louis XVIII.

1830 Avènement de Louis-Philippe.

1833 Louis-Philippe décide de transformer le château en musée dédié à l'histoire de France.

1837 Inauguration du musée.

1848 Abdication de Louis-Philippe et proclamation de la république.

1851 Coup d'État de Louis Napoléon Bonaparte.

1870-1871 Guerre franco-allemande. Chute de l'Empire.

1871 Le 18 janvier, dans la galerie des Glaces, le roi de Prusse est proclamé empereur d'Allemagne. En mars, la Commune contraint l'Assemblée nationale à siéger dans la salle de l'Opéra.

1875 Construction de la salle du Congrès dans l'aile du Midi.

1879 Retour de l'Assemblée nationale à Paris.

1919 Le 28 juin, signature dans la galerie des Glaces du traité mettant fin à la Première Guerre mondiale.

1953 Réouverture de l'Opéra après restauration.

1962 Décret Debré permettant le retour à Versailles de tous les objets du château conservés dans les collections publiques nationales.

1975 Restauration de la chambre de la Reine.

1980 Restauration de la chambre du Roi.

1986 Inauguration des appartements princiers restaurés au rez-de-chaussée du corps central.

BIBLIOGRAPHIE SÉLECTIVE

Henry Racinais, *Un Versailles inconnu. Des petits appartements des Roys Louis XV et Louis XVI*, Paris, 1950.
Danielle Gallet-Guerne et Christian Baulez, *Archives nationales. Versailles. Dessins d'architecture de la Direction générale des Bâtiments du Roi* ; tome I, *Le château, les jardins, le parc, Trianon*, Paris, 1983.
Pierre Verlet, *Le Château de Versailles*, Paris, 1985.
François Bluche, *Louis XIV*, Paris, 1986.
Michel Antoine, *Louis XV*, Paris,1989.
Simone Hoog, *Musée national du château de Versailles. Les sculptures* I. *Le Musée*, Paris, 1993.
Claire Constans, *Musée national du château de Versailles. Les peintures*. 3 vol., Paris, 1995.
Xavier Salmon, *Versailles : les chasses exotiques de Louis XV*, Paris, 1995.
Beatrix Saule, *Versailles triomphant. Une journée de Louis XIV à Versailles*, Paris, 1996.
Christian Baulez et Daniel Meyer, *Le Mobilier du château de Versailles : sélection des principaux meubles d'ébénisterie et de menuiserie*, 2 vol., Dijon, 1996.

INDEX

INDEX

Crédits photographiques : LONDRES, Victoria and Albert Museum 102h ; Wallace Collection 76 ; PARIS, Archives Flammarion 10, 16b, 26, 32, 40 50, 51, 53b, 59, 70h, 81b, 91h, 107h, 108h, 115 ; Dagli Orti couverture, 11, 12, 16h, 22-23, 24, 27h, 30-31, 33, 34h, 36-37, 38, 39b, 42-43, 44-45, 47, 48, 49h, 52, 55, 58, 60-61, 62-63h, 65, 66, 67, 69b, 75h, 78h, 81h, 82h, 83, 84, 86-87, 88, 90, 91b, 93, 94, 95, 96, 97, 98, 99, 100, 105h, 107b, 112, 113, 114 ; Réunion des musées nationaux 4-5, 13, 15, 18, 19, 27b, 28, 29, 34b, 35, 39h, 41, 46, 49m, 49b, 56, 57h, 68-69h, 70b, 71, 72, 73, 74, 77, 78b, 79, 80, 82b, 85b, 89, 92, 102b, 103, 104, 106, 108-109b, 109h, 110 ; STOCKHOLM, Nationalmuseum 63b.

Directeur de la série Patrimoine : Stéphane GUÉGAN
Coordination éditoriale : Béatrice PETIT
Rewriting : Christine EHM
Direction artistique : Frédéric CÉLESTIN, Paris
Plans en verso de couverture : Thierry RENARD

Achevé d'imprimer en avril 2023 par GPS Group, Slovénie

ISBN : 978-2-08-012462-3
N° d'édition : 601283
Dépôt légal : janvier 1996

Pages 4-5 : Israël Sylvestre, *Le Château de Versailles* (détail). Paris, Louvre.